돈이 되는
부동산 임장
시크릿

내 집
마련부터 〈〈〈〈 〉〉〉〉 실전
투자까지

돈이 되는
부동산 임장
시크릿

〈 **재테크르르**(이준우) 지음 〉

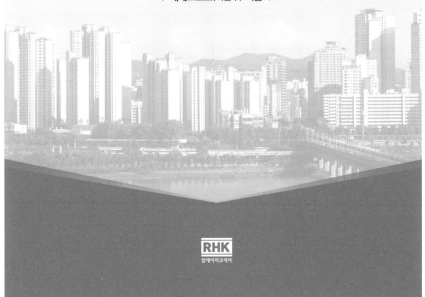

RHK
알에이치코리아

프롤로그

부동산 하락장에서
잃은 것과 남은 것

지난 5~6년 동안 부동산 시장은 뜨거웠다. 온라인상의 투자 커뮤니티에서는 '부동산'만큼 핫한 키워드가 없었으며, 유튜브부터 블로그까지 관련 주제로 도배되는 지경이었다. 일견 달리는 말에 올라탄 사람들과 올라타지 못한 사람들의 팽팽한 기 싸움으로 보이기도 했다. 그러나 항상 양이 있으면 음이 있고, 상승이 있으면 하락이 있다. 상승장 랠리가 이어지다가 2023년, 급격한 금리 인상에 따른 준경제위기와 부동산 하락장이 마침내 찾아왔다. 낯선 기분이 들었다. 말로만 전해 듣던 위기를 직접 느꼈으니 말이다. 사람들이 외면하고 싶어 하지만, 자본주의의 필수 가결 요소인 하락을 맞이하니 나도 모르게 숙연해졌다. 언젠가 오리라는 것을 알았지만, 나조차도 피하고 싶었기 때문이다.

이렇듯 최근 부동산 투자 시장의 분위기는 좋지 않았다. 하락장을 맞이하자, 어쩔 수 없이 부동산 투자를 시작할 때 가졌던 두려움이 다시 몰려왔다. 그 무렵에는 1997년 IMF, 2008년 세계 금융위기와 같이 10년마다 찾아오는 경제위기에 대한 두려움과 더불어 하락장을 피할 방법을 찾는 게 내 인생에 가장 큰 화두였다. 돈을 버는 것보다 돈을 잃지 않는 것이 더 중요했다. 평범한 직장인 투자자였기에, 월급을 고이 모아 만든 피 같은 종잣돈을 잃을 수도 있다는 가정만으로도 고통스러웠다. 그래서 이후 투자의 과정이 느리고 더뎠다. 무서웠으니까. 아무도 제대로 가르쳐 주는 이가 없었다는 점도 한몫했다.

부동산 하락이 초읽기에 들어가던 시기에 잘 다니던 직장도 잃었다. 정확하게는 내 손으로 직접 그만두었다. 투자를 시작하면서 결심했던 홀로서기 단계에 진입하고 싶었기 때문이다. 그래서 '연봉 1억'이 눈앞에 다가온 직장에 사직서를 던졌다. 그만둘 때 내가 부동산 투자를 하는 것을 알게 된 소속 본부의 전무님이 물었다.

"그렇게 부자가 되고 싶니?"
"아니요. 저는 회사가 주는 월급이 아니라, 스스로에게 주는 월급을 받고 싶습니다."

그렇게 홀연히 사직서를 내자, 내 손에는 부동산만 남았다(다행히 내 부동산 법인도 함께였다). 공교롭게도 퇴사하는 시점과 맞물려 하락장이 시작됐다. 집을 가진 사람이라면 누구나 벌벌 떨 정도의, '폭락'에 버금가는 강한 낙차였다. 매체는 온통 하락에 관한 뉴스로 도배돼, 마치 세상이 망할 것처럼 떠들었다. 나 또한 보유한 물건들을 정리하고 포트폴리오를 재정비했다. 어려운 시기였으나 그동안 쌓아 왔던 수익과 부동산 투자를 위한 삶의 루틴이 나를 지탱했다.

하락장의 충격은 꽤 컸다. 많은 투자자가 부동산 시장을 떠나기도 했고 큰 금액에 물려 고생하는 사람, 공포에 질려 자취를 감춘 사람도 여럿이었다. 그러나 나는 사자의 심장을 가지고 지금까지 살아남았다. 게다가 지금은 부동산 관련 일을 본업으로 하며 경제 문맹에서 어느새 준전문가 수준이 되었다. 순풍에서만 항해해 본 사람은 망망대해에서 역풍을 한 번이라도 맞으면 그대로 뒤집어져 버린다. 그리고 회복 후 다시 항해할 마음을 먹기 어렵다. 하지만 나는 굳건하게 역풍을 헤쳐 나갈 수 있었다. 내가 굳건했던 이유는 올바른 부동산 지식을 바탕으로 투자의 기준을 미리 공부하고 만들어 놓았기 때문이다.

첫째, 투자할 때 과도한 레버리지를 사용하지 않았다. 더불어 부모님을 포함한 가족, 지인에게 절대 손을 벌리지 않았다. 부동산 투자를 권하지도 않고, 수익을 보았다고 떠벌리지도 않았다. 투자는 온전히 자신의 몫이다. '자유'란 제멋대로 행동하는 것이 아니라, 스스로 결정하고 그에 따른 결과에 '책임'을 지는 것이다. 투자의 모든 책임은 본인에게 있고, 모든 결정은 자신만의 기준을 따라야만 한다.

둘째, 무리한 '채 수 늘리기'를 하지 않았다. 한창 법인 투자가 유행일 때, 법인을 2~3개씩 운영하며 엄청난 레버리지를 끌어 쓴 투자자가 많았다. 저금리를 이용해 선순위 대출, 후순위 대출 등 있는 대로 '영끌'한 투자자들은 어려운 시기를 보냈다. 반면에 나는 남들이 욕심을 낼 때 그 욕심을 조절하는 법을 배웠다. 다양한 투자 종목을 경험하고 임장을 다니며 꾸준히 성장하는 데 포커스를 맞추었다. 분양권, 구축, 기축, 재개발 토지, 지식산업센터, 법인 투자 등을 가리지 않고 골고루 경험했다. 즉, 편식하지 않았다. 어차피 부동산의 상승은 땅의 가치에 수렴하며 시간이라는 '축'에 배팅하면 절대로 실패할 수 없다는 기준을 가지고 있었기 때문이다.

투자의 대가 워런 버핏은 "물이 빠지면 누가 발가벗고 수영하는지 알 수 있다"라는 격언을 남겼다. 하락장이 시작되자 내가 입은 옷을 볼 수 있었다. 그건 바로 올바르게 투자해 불어난 자산과 나의 지적 재산이었다. 쌓여가는 부동산에 대한 기준과 지식 말이다. 투자는 결코 각본이 있는 프로레슬링 경기가 아니다. 투자의 세계는 내가 여기를 칠 테니, 넌 거기서 멈추라고 일러주지 않는다. 그냥 냅다 뺨을 맞는 게 투자다. 지금의 하락장으로 귀싸대기를 몇 대 맞았지만, 멈추지 않고 현장으로 임장을 가고, 다양한 종목을 습득하며 내 자산을 계속 불리고 있다. 원래 물이 빠질 때는 버티면서 수영 연습을 해야 한다. 그래야 물이 들어올 때 비로소 물장구를 칠 수 있다.

물은 제발 오지 말라고 해도, 다시 차오르는 법이다. 희망 고문이 아니다. 역사가 그것을 방증해 왔으니 미래는 이미 정해져 있다. 물이 꽉 차고 나면 발을 담그는 게 무섭기에 지금부터 미리 공부해야 한다. 물이 들어오기 전에 헤엄치려면 수영을 미리 배워 놓아야 하는 것이다. 위험성을 이유로 투자를 말리는 이들이 있다. 수영의 중요성은 주목하지 않으면서, 익사의 위험성을 늘어놓아 지나친 공포심을 조장하는 꼴이다. 바다에서 수영하다가 죽는 사람이 많으니, 바다 근처에는 얼씬도 하지 말라고 하는 것과 다를 바 없다. 일단 발장구를 치면서 수영하는 법을 배우고, 조금씩 시도하면서 용기 내는 법을 배우면 된다.

투자에서 정말로 중요한 건, 어떤 매물을 사느냐가 아니라 '사고파는 타이밍'을 아는 것이다. 아무리 좋은 아파트를 잘 골랐대도 비쌀 때 사서 쌀 때 팔면 손해를 본다. 아무리 안 좋은 부동산이라도 쌀 때 사서 비쌀 때 팔면 수익이 난다. 주식으로 따지면 워런 버핏이 코카콜라의 주식을 샀기 때문에 부자가 된 게 아닌 것과 같은 이치다. 코카콜라를 산 사람이 워런 버핏뿐일까? 무수히 많지만, 그들 모두 부자가 된 것은 아니다. 국내 주식 투자자 중 삼성전자 주식을 안 사본 사람은 없을 것이다. 코카콜라든, 삼성전자든 종목은 사실 중요하지 않다. 언제 사고 언제 팔 것인가를 공부하는 게 더 중요하다는 말이다. 딱 한 번의 수익으로 만족하고 시장을 떠날 것이라면 좋은 매물을 고르는 게 중요하지만, 지속해서 수익을 거두며 투자를 긴 안목으로 보려면 타이밍을 이해하고 싸게 사서 오래 보유해야 한다.

실패하지 않고 돈을 버는 투자자가 되기 위해 가장 중요한 건, 계속 시장에 몸을 담그는 것이다. 더불어 부동산 입지를 이해하고 가격의 움직임에 계속해서 관심을 가져야 한다. 그냥 관찰자로 꾸준히 시장을 지켜보기만 해도 충분하다. 그럼 자연스레 가격과 사람들의 움직임을 알 수 있게 된다. 부동산 상승의 분위기는 바로 거기서부터 시작한다. 주변 지인들에게 시장 소식을 가끔 듣기만 하는 사람이 갑자기 최저가로 우량 매물을 만날 가능성은 0%에 가깝다.

현재 수도권 중심으로 부동산 가격의 정상화가 빠르게 진행되고 있다. 바로 지금 같은 시기가 미리 준비하고 관심을 가져야 할 때이다. 복숭아 3년, 감 8년, 부자 10년이라는 속담이 있다. 나무를 심고 복숭아 열매를 따는 데 3년이 걸리는 것처럼, 부자가 되기 위해 공부하고, 실행하는 과정으로 10년은 필요하다는 뜻이다. 절대 1년 내로 승부를 보겠다고 덤벼서는 안 된다. 너무 빨리 가려다 다리를 접질린 사람이 부지기수다. 지금과 같은 시기에는 좋은 매물을 싸게 사서 오래 보유하는 전략이 필요하다. 그러기 위해 좋은 입지와 부동산은 어떤 것인지 보는 눈을 키워야 하고, 좋은 매물을 싸게 사기 위한 임장이 동반되어야 한다. 이 과정을 상세히 안내하기 위해 이 책을 쓰게 됐다.

이 책은 부동산 원리와 이론은 가볍게 다루고 부동산 현장에 나가는 '임장 실전'에 집중한다. 이론의 중요성을 부정하는 것은 아니다. 다만 혼자서 아무리 많은 책을 읽고 공부한들 결국 부동산 투자는 실제 현장에서 이루어진다. 수영으로 치면, 이론만 아는 사람에게 배우는 것과 직접 수영해 본 사람에게 배우는 것은 천지 차이일 수밖에 없다. 투자도 이론에 도가 튼 애널리스트보다 실전 경험이 많은 직접 투자자에게 배우는 게 더 낫다.

시중에 많은 책과 부동산 강사들이 '임장'의 중요성에 관해 강조하지만, 그 임장을 어떻게 하는지 알려 주는 정보가 부족해 그것을 집대성했다. 가장 중요한 작업은 입지를 이해하고 가격을 통해 현재 매물들을 서열화하는 작업이다. 이 작업을 바탕으로 현장에 나가서 입지 서열을 확인하고 미래 가치를 반영해서 자신의 인사이트로 만드는 방법을 이 책에 담았다. 더불어 부동산 소장님들을 만날 때 어려움을 느끼는 분들이 많다. 그분들에게 도움을 드리고 싶어 소장님과 어떻게 커뮤니케이션을 해야 하는지 다양한 경험에서 뽑아낸 노하우를 꽉 채웠다.

이 책을 통해 부동산 임장법을 확실히 배우길 바란다. 순도 100% 경험 실용서이다. 첫 페이지부터 마지막 페이지까지 부동산 투자 실무에 바로 쓸 수 있는 비법들을 전할 것이다. 나는 2022년

겨울을 기점으로 전국 한바퀴를 돌았다. 대한민국에 안 가본 곳이 없다. 지금까지 현장에서 배우고 익힌 것들을 전부 전할 생각이다. 쉽게 찾아볼 수 없는 고퀄리티 정보가 가득하다고 자부한다.

공부에서 멈추지 말고 일단 밖으로 나가길 바란다.
밖으로 나가라. 함께 부동산 현장으로 임장을 가보자.

2024년 가을의 초입
이준우

♀ 목차

1장

부동산 투자
절대로
실패하지 않는
방법

1

현장에 정답이 있다

 대한민국에 산다면, 인생에서 '부동산'이란 단어를 빼놓을 수 없다. 최소한 내 가족(1인 가구를 포함해)이 실제로 거주해야 할 집이 필요하기 때문이다. 실거주용이든 투자용이든 마련하려면 부동산에 대한 지식이 있어야 한다. 나아가 누구나 자신이 고른 부동산의 가치가 상승하길 바란다. 자본주의 경제 문법 제1 원칙은 돈을 굴려서, 점진적으로 자산을 불려 나가는 것이기 때문이다.

 하지만 결과는 각자 다르다. 같은 시기에 부동산 투자를 시작했어도 누구는 남들보다 빠르게 내 집 마련을 하고 더 나아가 투자에 성공해 이익을 거두기도 하지만, 누군가는 실패만을 경험하고 부동산 시장을 떠난다. 실패의 원인은 무엇일까? 대체로 빨리 부를 쌓고 싶은 조바심과 욕심에 의해 기준과 규칙을 지키지 못했기 때문일 것이다. 자본주의의 원동력은 시기와 질투심이다. 빨리 부자가 되려는 조바심과 욕심에서 모든 게 시작된다. 부동산에는 금리도 중요하고, 공급, 심리도 중요하지만 결국 핵심은 부러움이다. 옆집 아줌마가 돈을 벌고, 회사 옆자리 동료가 돈을 벌어야 비로소 부동산에 돈이 몰리고 혈액순환이 되기 시작한다. 부러움에서 비롯된 '나도 저렇게 돈을 벌 수 있다'라는 환상이 투자의 심장에 펌프질해 댄다. 하지만 남들이 다 벌었을 때 찾아오는 뒤늦은 조바심은 잘못된 선택을 하게 만든다.

상승장 랠리가 끝나고 하락이 시작되면, 그간 유동성에 의존해 왔던 체력이 약한 투자자는 정리되기 마련이다. 투자는 운전과 비슷해서 누구나 쉽게 시작할 수 있고, 조금만 익숙해지면 운전을 매우 잘한다고 착각하기 쉽다. 허나 무사고 10년 차 드라이버도 도로 위의 규칙을 지키지 않거나, 과속을 함부로 하면 반드시 사고가 난다. 과속은 처음에야 남들보다 앞서 나가는 것처럼 보여도, 결국엔 사고를 동반한다. 사고가 무서운 이유는 단순히 중간에 멈춰 서기 때문이 아니라, 운전을 다시 할 수 없을 정도의 타격을 입을 수도 있기 때문이다.

체력이 약한 초보 투자자는 투자의 규칙에 대해 배우려고도 하지 않고 모두 자신의 실력이라고 착각한다. 과속을 해서 속도가 빨라질수록 더 큰 빚을 내서 높은 수익을 위해 투자를 감행한다. 한

지인은 종목별 분산 투자보다, 숫자 늘리기에 급급하여 분양권 같은 단타 투자에 올인했다. 나아가 가족과 지인의 명의를 빌리기까지 해 시장의 정해진 규칙마저 어겨 가며 투자했다. 결국 스스로 쌓은 레버리지와 리스크가 한 번에 큰 문제로 돌아와 개인 파산하기에 이르렀다. 무리하게 투자하면 잠시 빠르게 자산이 불어나는 것처럼 보이지만, 결과적으로 더 큰 금액을 잃고야 만다. 가장 큰 타격을 입고 시장을 떠난 사람들이 바로 이들이다. 실제로 내 주변에서 투자에 실패한 사람들은 모두 이와 비슷한 과정을 겪었다.

무엇보다 중요한 것은 위기가 닥쳐왔을 때 '망하지 않는' 것이다. 망하는 주된 이유는 빚으로 투자를 하기 때문이고, 과도한 레버리지를 이용해서 투자하면 금융위기 때 회생이 불가능하다. 결국 운전도, 투자도 망하지 않기 위해 규칙을 지켜야 한다. 짧은 기간 지나치게 높은 수익만을 바라서는 안 되고, 분산 투자를 해야 하며, 과도한 빚을 내 투자해서도 안 된다. 내가 상승장과 하락장을 지나며 부동산 투자에 실패하지 않고, 계속해서 투자를 이어나갈 수 있었던 이유는 명확하다. 주위 투자자들이 얼마를 벌었다고 떠들어 대도, 과도한 욕심을 제어하고 꾸준한 수익을 1차 목표로 했다. 무리해서 빚을 내지 않았고, 일정 수익을 내는 순간 빚을 상환해 부채 리스크를 관리했다. 또한 하드웨어인 자산 성장과 더불어 소프트웨어인 투자 실력 향상이라는 2가지 바퀴를 함께 굴렸기 때문이다. 투자에 첫발을 뗀 사람이라면 지난 선배들의 과오를 빠르게 파악하자. 이제 꾸준히 성장하고 체질을 개선해 온 사람만이 생존하는 시기가 왔다. 내가 지켜온 승리의 공식을 이용하면 누구든 계속해서 꾸준히 성장할 수 있다고 믿는다.

≫ 임장이 필요 없다는 사람은 가짜다

부동산 임장을 가보지 않은 사람은 입지를 결코 제대로 파악할 수가 없다. 물건의 가치를 모르면 누군가의 조언만 듣고 살 수밖에 없다. 자신의 기준이 아니라 남의 기준을 고려해 매수하면, 반드시 원망하고 탓하게 된다. 옷을 하나 사더라도 거울 앞에서 대 보기도 하고 직접 입어 보기도 한 뒤에 '다른 데 가서 좀 더 보고 올게요' 하고 다른 가게 옷과 비교하기 마련이다. 입어 보지 않고 산 옷은 핏이 애매해 실패하는 경우가 많다. 옷도 그러할진대, 인생에서 구매할 수 있는 가장 비싼 재화인 부동산을 남의 말만 듣고 사는 건 어불성설이라고 생각한다. 그래서 더욱 자주, 많은 곳을 돌아다녔다. 더 많이 둘러보고 걸쳐보았다. 나에게 딱 맞는 옷을 찾는다는 마음으로 말이다. 부동산도 대한민국의 모든 도시를 다 가본다는 생각으로 돌아다녔다. 결국 몸으로 부동산 현장을 이해하게 되고 스스로 비교하는 실력을 갖출 수 있게 되었다.

가끔 임장 및 부동산 공부가 필요 없다는 고인 물 같은 투자자들이 있다. 마치 중학교에 진학 후 초등학교 선생님이 자신보다 공부를 못하다고 착각하는 것과 동일하다. 아니면 그저 애초에 돈이 많은 사람일 뿐이다. 돈이 많은 사람은 수익률보다는 잃지 않는 것에 더 포커스를 둔다. 누구나 알 만한 비싸고 좋은 곳에 투자하면 안전할 뿐만 아니라 수익률도 우수하기 때문이다. 하지만 이런 투자가 어려운, 날 때부터 부자가 아닌 사람이 일반 투자자의 99%다.

고인 물 고수들은 초보자들의 입장을 이해하지 못한다. 패션에 관심이 많아 평소에도 옷을 많이 입어 본 사람은 굳이 피팅하지 않아도 자기에게 어울리는 옷을 알아볼 수 있다. 그러니 인터넷으로 편하게 주문해도 성공한다. 그러나 초보자들은 그렇지 않다. 반품을 여러 번 거쳐야 한다. 그러나 고수들도 편하게 방에서 클릭만 하다가는 원숭이처럼 나무 위에서 떨어지게 되는 과오를 언젠가 범하게 될 것이다.

부동산은 발품을 많이 판 자가 이길 수밖에 없는 게임이다. 그렇기에 외려 기회가 많다. 성실하게 돌아다니고 분석하는 것은 바로 자신의 몫이기 때문이다. 고수들도 부동산 투자 초기에 적은 돈을 굴려 목돈을 만든 경험이 있다. 그들도 그 과정에서 부동산 임장의 경험이 쌓이고 입지 분석이 정확히 되어 가치를 알게 되니 인제야 임장 가지 말고 애초에 비싼 걸 사면 된다고 말하는 것이다. 믿지 마라. 고수라는 사람의 말을 너무 믿다 보면 실력이 늘지 않는다. 많이 돌아다녀야 한다. 그러면 언젠가 우리에게도 자본이 쌓여 편하게 투자할 시간이 올 것이다. 하지만 착각하지 말자. 그건 자본이 모인 게 아니라, 실력이 쌓인 것이다.

≫ 데이터는 절대 못 따라 오는 현장의 분위기

2015년부터 시작된 불같은 상승장에서 문재인 정부의 20차례가 넘는 부동산 수요 억제책은 모두 수포로 돌아가고, 집값은 계속해서 상승했다. 결국 정부는 대출 규제까지 시작했다. 전세 대출 규제 카드까지 언급되자 시장은 혼란해졌다. 부동산 전문가들과 언론은 계속된 상승을 예상했다. 나도 그들의 의견에 공감했다. 왜냐면 최상급지 1군들은 여전히 호가를 갱신하며 상단을 크게 열어주었고, 임시방편으로 잡아둔 집값은 단기간 둔화되겠지만, 향후 상승하지 못한 억제 수요가 분출되며 상승할 확률이 높다고 생각했다.

당시 내가 보유한 매물이 한 사이클을 돌아 매도 시점이 도래했다. 일시적으로 시장이 주춤한 것으로 판단한 터라, 2년 더 보유할 계획이었다. 허나 데이터나 뉴스에서 벗어나 직접 현장에 나가 부동산 중개 소장님과 대화하며 파악해 보니, 매도할 타이밍이라는 것을 본능적으로 알아차리게 됐다. 덕분에 계획했던 것보다 빠르게 매도를 결정한 경험이 있다.

"전셋값이 못 받쳐 주고 있어요. 가격이 조금씩 빠지네요. 주변에 입주나 공급도 없는데 전세 매물이 잘 안 나가는 상황이에요."

이미 가격이 많이 오른 전세가 탓에 임차인이 그 값을 지불하지 못하고, 수요가 못 받쳐 주니 현장에서는 실제로 거래가 이루어지지 않는다는 것이었다. 시장 가격의 상승 데이터를 가져와 소장님에게 그럴 리 없다고 말했지만, 현장은 데이터와 다른 분위기였다. 매매와 가격도 비슷한 상황이 연출되고 있었다.

"매매는 안 되진 않는데, 가격이 중요해요. 지금 좋은 매물이라도 정책 자금 대출도 한도가 정해져 있어서 사고 싶어도 쉽게 접근이 힘든 분위기예요. 비싼 매물들의 가격이 내려올 것 같은 느낌이에요. 일단 거래가 안 되니까요."

다소 당황스러웠다. 나도 매매 가격이 빠질 것이라고까지는 예상하지 않았기 때문이었다. 현장 분위기에 다소 감정이 격앙되었지만, 보유한 자산 일부를 매도해야 할 시점이라고 느꼈다. 투자금 대비 충분히 가격이 상승한 상태였고, 더 욕심을 내기보다 수익을 실현하기로 결정했다. 당시 거래가 쉽게 일어나지 않는 분위기였기에, 호가 대비 가격을 과감하게 5,000만 원 내려서 내놓았다. 눈에 띄게 싼 가격 덕에 매수자는 빠르게 집을 보러 왔고, 1개월 만에 매매 계약서를 쓸 수 있었다.

현장에서 느낀 생생한 시장의 분위기 덕에 빠르게 매도하고 수익을 실현할 수 있었다. 신과 같이 모든 매도 타이밍을 알아챌 수는 없다. 그러나 뒷짐 지고 '어떻게든 시간이 지나면 해결되겠지'하는 생각만 하면 안 된다는 것을 깨달았다. 물론 분위기가 느껴지더라도 정부의 정책과 세입자 상황, 부동산 세팅 상태에 따라 팔고 싶어도 팔지 못하는 일도 있다. 흔히 이런 걸 '물린다'라고 표현한다. 나라고 물린 적이 왜 없겠는가? 다만 뺨을 한 대 맞더라도 미리 알고 대비하고 맞는 것과 아무 생각 없이 맞는 것은 다르다. 결국 현장 임장과 부동산 시장의 온도를 끊임없이 체크하는 습관과 경험이 큰 도움이 되었다. 그렇게 살아남아 계속해서 투자를 이어 갈 수 있게 되었다.

≫ 부동산은 레버리지를 반드시 동반한다

부동산 투자의 방법은 다양하다. 그 방식에는 전세를 낀 '갭투자'만 있는 것이 아니다. 그러나 부동산 투자는 절대적으로 대출 즉, 레버리지를 동반한다. 신용대출, 주택담보대출 등 모든 수익률은 대출을 이용한 결과치에서 많은 가치가 나뉘기 때문에, 투자자 대부분이 대출을 사용한다. 그래서 소위 영끌도 하는 것이다. 그러나 레버리지를 사용할 때는 신중해야 한다. 흔히 '전세 레버리지 투자'를 할 때, 전세금을 최대한 올려 투자금을 낮추려 한다. 하지만 전세금 또한 잠시 세입자에게 빌린, 대출금의 한 종류라는 사실을 잊지 말아야 한다. 과거 전세금을 최대한 올려받아 투자금이 적게 들어가 오히려 돈이 남게 되는 경우가 있었다. '플피'(플러스피)라는 명목으로 서로 경쟁하고 환호했던 분위기가 조성된 것이다. 과거의 성공적인 선택이 누군가에게 패착이 되기도 한다. 결과는 끝까지 가보아야 한다. 금융 레버리지는 과하지 않게 적당한 것이 항상 옳다. 남들이 모두 열광할 때 초조해하지 말고 자신만의 속도로 나가면 된다.

많은 투자자가 금융의 '복리의 마법'에 대해서 강조한다. 부자들은 모두 복리의 혜택을 톡톡히 누리기 때문이다. 작은 눈 뭉치를 오랜 시간 굴리면 가속도가 붙어 어느덧 자기 키보다 큰 눈덩이가 된다는 스노볼의 법칙에 복리를 빗댄다. 하지만 사람들은 자신이 보고 싶은 것만 본다. 큰 눈덩이만 생각하지, 작은 눈 뭉치는 생각하지 않는다. 복리의 마법에서 투자 선배들이 말하지 않는, 중요한 2가지 포인트가 있다. 바로 원금손실이 없어야 한다는 것과 시간이 필요하다는 것이다. 첫째, 아무리 시간을 들여도 원금손실이 있으면 복리는 제힘을 발휘하지 못한다. 두 번째, 원금손실이 없더라도 충분한 시간을 들이지 않으면 자산은 불어나지 않는다. 투자자의 욕심은 원금손실을 초래한다. 왜냐면 적은 돈으로 큰돈을 얻고 싶기 때문이다. 실패한 투자 선배들은 대부분 이 법칙을 잊었다. 종잣돈을 소중히 하자. 잃지 않는 투자를 하면 당신의 스노볼은 무조건 커질 것이다.

» 고수는 경험이 만든다

투자를 전업으로 하는 투자자 보다 본업이 따로 있는 경우가 대부분이다. 본업 외 시간을 내어 투자하는 일은 무척 대단하지만, 그 시간의 한계 또한 분명하다. SNS를 포함한 온갖 매체에서 보이는 다른 사람의 투자 과정을 보면 자연스레 욕심이 생기고 적극적으로 투자에 도전하고 싶어진다. 특히 적은 돈으로 많은 채수를 매입한 결과들을 보면 동요되기 쉽다. 투자금을 조금 들여 매입하는 방식이나, 플러스피가 유행하면 사람들은 너 너 할 것 없이 무리하기 시작한다. 무조건 다주택이 옳은 선택이 아님에도 불구하고 4, 5채를 넘어 분양권을 알아본다. 더불어 취득세가 낮다는 이유 하나만으로 공시지가 1억 이하까지도 스스럼없이 몇 채씩 투자를 진행한다. 이렇게 무지성으로 숫자만 늘려 고생하는 투자자들을 주변에서 수두룩하게 보았다. 결국 감당이 안 되면 매도해야 하는데 부동산은 사는 건 쉬우나, 파는 것은 정말 어렵다. 특히 하락기에 접어들면 매수 심리가 위축되어 아무리 가격을 내려도 쉽게 매수자를 찾을 수 없는 고통의 순간이 다가온다.

투자를 막 시작한 사람들은 자신의 투자금을 되도록 빨리, 한 번에 소진하길 바란다. 그래서 투자를 시작한 특정 시기에 몰아서 많은 물건을 매입하는 사례가 종종 있다. 이런 부동산 세팅의 경우 한 번에 몰아서 계약이 돌아온다. 또한 정부 규제로 인한 어려움도 한 번에 몰아서 찾아온다. 설사 수익이 나도 해당년 합산 과세로 인해 수익률도 저하된다. 그러므로 순간적인 채수 늘리기에 집중하지 말고, 꾸준히 시장을 모니터링하면서 다양하게 경험을 쌓을 것을 추천한다.

시장이 과열되면 정부의 규제는 반드시 동반된다. 부동산이라는 한 종목의 숫자 늘리기에만 집중하면 중과세로 인해 팔고 싶어도 못 파는 어려운 상황을 맞닥뜨린다. 나는 한 개 종목의 부동산만 집중해서 투자하지 않았다. 포트폴리오를 다양하게 구성했다. 전세금을 레버리지하는 갭투자를 시작으로, 분양권 거래를 시작했다. 더불어 부동산 법인 운영을 시작하고, 수익형 부동산인 지식산업센터 투자를 진행했으며, 재개발 구역 내 토지 투자를 진행했다. 지금은 꼬꼬마 빌딩의 리모델링 사업을 공부하며 투자처를 모색 중이다. 넓고 다양한 투자의 경험이 평생 큰 투자를 지속할 수 있는 체력을 길러주는 자산이라고 생각한다. 부동산 투자는 사이클이 상대적으로 길기 때문에 느긋함을 가져야 한다. 어차피 평생 해야 할 투자라면 빠르게 수익을 내고 싶어 하는 마음보다는 다양하게 경험하고 자산을 조금씩 불려 나간다는 기준이 생겼다. 어차피 복리의 마법에는 시간이 필수 조건이기 때문이다. 투자에서 정말로 중요한 포인트는 심리적인 측면이다. 폭락하는 장세에서 버티고, 폭등하는 장세에서 흥분하지 말고, 돈의 무게에 지지 않는 태도 말이다. 사실 말로는 너무 쉬워도, 사람들이 절대 지키지 않는 원칙이 바로 '욕심부리지 않기'이다.

투자자가 아닌 이상 일생을 통틀어 부동산 거래가 자주 발생하지 않는다. 친인척 중 평생 부동산 거래를 딱 한 번 해보신 어르신도 계실 정도다. 그만큼 익숙한 일이 아니라는 것이다. 그렇기에 다른 무엇보다 경험이 중요하다. 투자를 위한 시뮬레이션을 자주 해봐야 하는 이유기도 하다. 이 모든 것들을 가능하게 하는 것이 모의 투자에 가까운 임장이다. 모든 부동산 거래에서 포인트는 싸게 사는 것이며, 싸게 산다는 말은 그 입지의 가치를 안다는 것과 동일하다. 결국 잦은 임장으로 현장을 돌아보고, 입지를 익히고 시세를 몸으로 체화해서 거래를 우선 선점하여 장기적인 관점으로 꾸준히 거래하는 것이 필승 전략이다.

더불어 투자 공부를 처음 시작하면 한 번에 다 잘될 것 같은 기분이 든다. 책에서 보았던 모든 사례와 기회가 나에게도 똑같이 다가올 것이라고 예상한다. 그래서 최종 거래 한 번만 잘하면 된다고 생각하고 계속해서 투자를 미루거나 일생일대의 찬스만 찾아다니게 된다. 결과는 어떨까? 예상하는 대로, 한 번에 성공하는 케이스는 잘 없다. 고기도 씹어 본 자가 먹을 줄 알고, 춤도 춰본 사람이 멍석을 깔아 줬을 때 스포트라이트를 받게 되는 법이다. 그래서 첫 시작이 중요하다.

나도 부동산 거래를 하던 초반에는 부동산 소장님과 매도인이 짜고 치는 사기 거래일 수도 있다고 생각했다. 첫 거래다 보니 가격 협의를 하면 안 된다고 생각했고, 무조건 제안된 '호가'가 정가라고 판단했다. 이처럼 처음 시작은 누구나 어렵다. 그래서 실수도 많고 잘하지 못한다. 하지만 일단 시작해 보면 두 번째부터는 노하우도 생기고 능숙해진다. 이건 100명이면 99명이 그러하다. 시작만 하면 누구나 잘하게 된다. 우리는 모두 1,000번의 넘어짐을 통해 첫걸음마를 뗀 경험이 있다. 처음부터 잘할 필요는 없지만, 실력을 기하급수적으로 늘리기 위해서는 일단 시작해야 한다.

부동산 거래 현장에서는 협의 중 통상 2,000~3,000만 원이 쉽게 왔다 갔다 하고, 말 한마디에 감정이 상해서 거래가 파기되기도 한다. 거래 한 번에 누군가의 연봉이 오고 가는 것이 부동산 거래다. 이러한 거래를 경험 없이 단번에 잘하는 것은 어불성설이다. 처음부터 고수일 수 없다. 고수는 경험이 쌓여 만들어지므로, 꾸준한 노력이 필요하다. 다만 실제 거래가 힘들다면, 부동산 현장을 방문하여 임장을 통해 모의 경험을 쌓자. 연습은 실전같이 하면 되고, 실전은 연습같이 하면 절대 실패하지 않는다. 조금 늦게 가도 된다. 세상의 가장 큰 무기는 바로 끈기와 꾸준함이라고 하지 않던가.

≫ 알아서 돈이 벌리는 환경 세팅

"혼자 가면 빨리 가지만, 같이 가면 멀리 간다."
혼자 빨리 가겠다는 마음이 바로 욕심이고 당연히 투자에 독이 된다. 또한 혼자 가다 보면 반드시 지치는 순간이 온다. 인내심과 끈기는 모든 사람에게 할당된 배터리가 존재한다. 그 배터리가 방전됐을 때, 급속 충전할 수 있는 것이 바로 같은 목적지로 향하는 사람들과 함께 호흡하는 일이다.

투자를 시작하고 만난 성공한 투자자, 노력하는 투자자 99%에게서 느낀 공통점이 있다. 그들은 하나같이 시간을 소중하게 사용했다. 절대 허투루 쓰지 않는다. 누군가는 쉽게 적폐라고 매도하는 이들은 생각보다 검소하고 가정적이다. 소비 성향이 강할 것으로 생각하지만, 오히려 구두쇠에 가깝다. 재테크를 통해 자산을 모으려는 목표가 있어 소비보다는 절약과 가치 생산에 집중하는 경향이 있다. 또한 그들이 말하는 행복의 끝에는 항상 가족의 행복이 존재했다. 그래서 없는 시간을 더욱 쪼개어 자신들의 가족에게 시간을 투자한다. 오히려 상대적으로 시간이 많은 지인들은 돈을 흥청망청 쓰거나, 음주와 골프 등 자신들의 소비 생활에 더 집중하는 경향이 있었다.

나는 이런 투자자들의 태도에서 영감을 많이 받았다. 매주 잡곤 했던 술 약속을 없애고 자기계발을 위한 시간을 늘렸다. 매일 관성적으로 유튜브와 OTT를 시청하던 시간들은 책을 읽는 시간으로 바뀌었다. 취미에 쓰던 여가비를 줄이고 자기계발을 위한 비용을 늘려 스스로 가치를 생산하는 법을 배우게 되었다. 부동산 투자를 시작했을 뿐인데 인생이 완전히 뒤바뀌었다. 삶을 변화시키는 일은 쉽지 않다. 어떻게 해야 할까? '환경'의 변화를 주는 게 가장 좋은 방법이다. 스스로 바뀌려고 노력하지 않아도 환경이 달라지면 자연스럽게 변한다. 내일 아침 운동을 나가려고 마음을 먹었다면 머리맡에 운동복을 두고 자면 된다. 일어나자마자 그 옷을 입고 뛰러 나가게 될 것이다. 다이어트를 결심했다면 그릇의 크기를 줄여 음식의 양을 자연스럽게 조절하면 된다. 환경 설정이 나를 바꾸게 만든다. 투자도 마찬가지다. 주위에 투자하는 사람을 곁에 두면 자연스럽게 자신도 바뀌게 된다.

임장을 많이 다닌다고 해도 혼자서는 분명 한계가 있다. 투자에 대한 경험이 없을 때는 더욱 어렵다. 이럴 때 좋은 투자자들이 곁에만 있어도 자연스럽게 물들어 학습하게 된다. 단순히 만나기만 해도 투자 이야기에 시간 가는줄 모르는 모임에 속해 있다고 생각해 보라. 은행 대출이 필요할 때 기가 막힌 타이밍에 누군가 좋은 지점을 소개해 주어 최적의 금리로 진행 가능할 것이다. 아무 생각 없이 있어도 부동산 정책 변화에 따른 대응법을 누군가가 이야기 해줄 것이다. 이처럼 자연스럽게 네트워크를 형성하고 투자에 관한 지식도 쌓게 되는 비결이 바로 모임에 직접 참여하는 것이다. 오프라인 모임도 좋고 온라인 모임도 좋다. 지금과 같은 시기에는 온라인 커뮤니티만 찾아도 수많은 모임이 있다. 지금 당장 활동을 시작해 보자.

» 배우자와 함께 투자하는 법

재테크를 시작하는 단계의 부부들은 생각보다 합심이 어려운 경우가 있다. 다른 모든 것은 일심동체인데, 재테크만큼은 동상이몽인 가족을 많이 보았다. 나도 마찬가지였다. 그러나 투자에 필요한 종잣돈을 모으기 위해 가정 내의 재무장관, 즉 총괄이 필요하다. 부부가 합심해서 통장을 합쳐 돈을 모아야 하니, 결국 서로의 수입과 모든 재무 상황을 공유할 수밖에 없기 때문이다. 배우자와 잘 협의해야 이후의 과정이 순조롭다.

여기서 짚고 넘어갈 게 있다. 어떠한 투자든 종잣돈이 필요하다. 부동산 투자도 마찬가지다. 작게는 2,000만 원부터 1억~2억이 있어야 시작할 수 있는 것이 부동산이기도 하다. 결국 종잣돈을 모으는 습관이 중요한데, 이것은 평생의 재산이 되기도 한다. 재테크의 기본은 소비 습관의 제어에서 출발하고, 소비 습관을 제어하는 가장 좋은 방안은 가계부를 작성하는 것이다. 앞서 설명한 환경 설정과 동일하다. 시각적으로 사용 비용과 현황을 파악할 수 있으니 효과적인 방법이다.

나는 배우자와 협의 후 '저축왕 챌린지'를 했다. 각자 1년씩 재무 관리를 맡아 더 많이 모은 사람이 앞으로의 모든 자금을 관리하자는 챌린지였다. 이보다 멋진 계획이 어디 있는가? 서로에 대한 선의의 경쟁심으로 돈을 아끼고 관리하게 되니 금상첨화였다. 첫해는 와이프가 진행하였고, 그다음은 내 차례였다. 과연 누가 이겼

을까?

사실 답은 이미 정해져 있었다. 무엇이든 간절한 사람이 승리하기 마련이다. 나는 챌린지의 승자가 된 결과로 통장과 자산을 모두 가져와 관리와 투자를 전적으로 맡아 진행해 나가고 있다. 부동산 투자에 부부 모두 능하면 좋겠지만 그런 가족은 드물다. 결국 한 명이 전담 혹은 리더로써 진행해야 한다. 그 편이 훨씬 효율적이기 때문이다.

다만, 투자 상황과 재무 현황에 관해 매번 배우자와 협의하고 공유해야 한다. 부부는 공동체이며 결정도 함께 내려야 한다. 사람이기 때문에 모든 결정에 현명한 답을 내지 못할 때가 많다. 왜냐면 욕심이 들어가면 잘못된 선택을 하게 되기 때문이다. 내 와이프는 항상 옆에서 나의 욕심을 경계한다. 예전에 매수한 분양권의 목표 수익률을 달성한 뒤, 더 큰 수익을 위해 강하게 추가 보유를 주장한 적이 있었다. 와이프는 반대했지만, 중간 매도하지 않고 끝까지 가져가다 시장의 분위기가 꺾여 결국 손해를 보고 팔게 된 경우가 있었다. 이 경험으로 와이프의 조언을 더욱 귀담아듣게 됐다. 모든 투자자는 사실 똑같다. 수익이 나면 눈이 돌아가게 돼 있다. 항상 스스로의 판단을 경계할 수 있도록 배우자의 말을 경청하자. 또한 혼자서 모든 재무 상황을 관리하는 게 힘들다고 생각하지 말자. 결국 우리는 한배를 탄 소중한 가족이니까 말이다.

» 투자의 성공과 실패는 무조건 비밀이다

성공하는 사업가들을 만나면 하나같이 입이 참 무겁다고 느낀다. 부자들의 불문율이 있는데, 누군가 사업이 어떠냐고 물으면 잘나가도 그냥 보통이라고 말하고, 잘 안 풀려도 어려운 상황이라고 굳이 말하지 않는다는 것이다. 잘되면 누군가는 시기와 질투를 하고 잘 안되면 손가락질을 하기 때문이다.

우리는 수익이 조금 나거나 돈을 벌게 되면 자랑하고 싶어 안달이 난다. 입이 근질근질하고 누군가에게 뭐라도 가르쳐 주고 싶다. 그럴 때 가장 가까운 가족들에게 슬며시 알리거나 주변에 투자법을 설파하기도 한다. 그렇게 친한 지인이나 친구들 사이에서 투자의 왕이 되어 주목받는다. 하지만 자기 투자의 성공과 실패를 굳이 알릴 필요가 없다. 나는 나의 친형제들이 투자하는지, 한다면 결과가 어떠한지조차 잘 알지 못한다. 나는 가치 생산 활동을 위해 블로그, 유튜브, 인스타를 운영하는데 이를 통해 가끔 연락해 오는 지인 외에는 절대 상황을 알리지 않는다. 물론 자연스럽게 알게 되는 것까지는 막을 수 없지만, 나서서 미리 알릴 필요가 없다는 뜻이다.

왜 그럴까? 지인 중 가족의 투자 관심을 통해 투자금을 조달 받기도 하고, 가족의 명의를 이용해 투자를 도와주기도 하는 경우가 있다는 걸 안다. 투자가 무탈히 흘러갈 경우 모두에게 이롭지만, 세상에 양이 있으면 음이 생기는 것이 법칙이다. 투자 시장의 기세가 꺾일 때 자신의 자금과 명의가 아니라면 빠르게 판단하고 대응하지 못한다. 타이밍을 놓치게 되면 시장은 바닥을 향하고 원망과 책임은 본인이 다 지게 되는 것이다. 피가 섞인 가족의 경우 더욱 난처한 상황이 된다. 오히려 아무것도 안 해준 것보다 못한 관계가 되기도 한다. 이 때문에 모든 투자의 책임은 본인에게 있으며 스스로 진행해야 한다고 강조하는 것이다.

다른 한 지인은 투자를 모르는 사람에게 수시로 권하고 도와준 사례가 있다. 도와줄 때는 선인이지만, 하락장에 접어들면 악인이 된다. 사는 것은 돈만 있으면 누구나 쉽게 살 수 있지만, 파는 건 그렇지 않다. 조언받아 산 사람은 99%의 확률로 매도할 시점을 판단하지 못한다. 그러다 손해의 영역에 도달했을 때 누군가를 원망해도 소용없다. 그러니 투자의 상황에 대한 평가와 복기는 스스로 할 일이지, 외부와 공유하지 말자.

» 쫄보가 사자의 심장을 갖는 방법

나에게는 결핍이 많았다. '지방 촌놈'이라는 타이틀 때문이다. 서울 소재의 회사가 나의 첫 회사였는데, 촌놈이라고 무시를 당했다. 실력이며 외모, 말투까지 모두 그랬다. 지방이라면 서울사람에겐 모두 촌으로 통칭되는 것도 충격적이었다.

"넌 촌에 살다 와서 커피는 안 마시냐?"

"쟤는 입사 교육비를 지원할 게 아니라, 그 돈으로 옷을 사서 입혀야 할 것 같은데요? 단벌 신사예요."

"사투리 없어 보인다. 야, 좀 고쳐라."

결핍을 극복하기 위해 매일 새벽 6시에 출근하며 열심히 업무와 성장에 힘썼다. 안되는 것은 노력으로 되게끔 만드는 것이 바로 결핍의 힘이다. 무시하던 그들의 실력을 넘어 결국 동종 업계에서 세계 1등의 회사로 이직하게 되었다. 많은 것을 이룬 것 같았지만, 결핍은 반복됐다. 이직한 곳에는 유학파들이 즐비했다. 어학연수 한번 가지 못한 국내파 촌놈은 또 그렇게 새벽 시간을 쪼개어 도전했다. 매일 영어 회화 학원에서 수업을 듣고 출근했다. 퇴근 후 소모임에 나가 또 연습했다. 결과는 팀 내 바이어 미팅은 나의 차지가 됐다. 드디어 직장 생활 10년 차를 넘겨 상여금을 포함해 연봉 1억이 눈앞에 가까이 보였다. 안주할 법도 하지만, 결핍은 또 한번 터지게 된다. 바로 거주의 문제였다. 경제, 금융에 대한 이해가 낮았고, 부동산에 관심이 없었기에 내 가족이 살아갈 집이 없었던 것이다. 단순히 무식하게 열심히만 살아온 과거가 원망스러웠지만. 그대로 멈춰 있을 수 없었다. 또 울면서 도전하고 이겨내면 된다고 믿었다.

습관의 관성은 이어진다. 공부는 매번 새로웠다. 자본주의에 관해 아무것도 몰랐던 나는 부동산 투자 세계를 접하고 그 누구보다 열심히 관련 책을 독파해 나갔다. 평균적으로 연 120권을 읽어 내리며 현재까지 1,000권의 책을 독파했다. 투자를 시작한 뒤 가장 큰 변화는 금전적인 자산이 아니라, 머릿속의 지식이 쌓이고 성장을 몸으로 그대로 느끼는 것이다. 지식에도 복리의 법칙이 적용된다. 더 빠르게 읽고 효율적으로 이해하고 내 것으로 만들게 되었다. 자본주의의 핵심인 '돈'에 대한 이해는 더욱 궤를 같이 한다. 그리고 이론보다 경험과 결과가 더 중요하다. 인생에는 연습이 없다. 바로 '실전'이기 때문이다. 투자의 세계도 그러했다.

지금까지 남이 시키는 일만 해왔다. 그에 대한 가치를 급여로 위안 삼았다. 열심히 했다고 생각하지만, 사실 그것이 내게 가장 편하고 안정적인 일이었다. 내 가족을 지키는 최선의 일이라고 생각한 것이다. 이제는 완벽히 바뀌었다. 스스로 그 울타리를 부수고 나왔기 때문이다. 고액 연봉을 받던 내가 사직서를 내고 나온 이유는 경제적 자유를 이루어서였을까? 단연코 아니다. 그저 경제적 자유로 향하는 길로 가는 방법을 알았기 때문에 결심한 것이다. 어차피 혼자서 독립할 수 없다면, 또 반복적으로 괴로워질 미래의 모습이 그려졌기 때문이다. 어려움에 맞서 혼자서 독립할 방법을 찾는 사람으로 변했기 때문에 야생으로 나가겠다고 결심한 것이다. 과거 남을 위해 일했던 시간보다 지금은 정말 필요한 살아 있는 공부가 좋아졌다. 바로 '돈' 되는 공부 말이다.

시쳇말로 과거 쫄보였고 겁쟁이였다. '회사에서 잘리면 어쩌지?'라는 걱정으로 누구보다 열심히 일했고 가족에게 피해주기 싫어서 회사 밖 야생을 회피해 왔다. '이렇게 열심히 사는데 어떻게든 되겠지'하고 자기 위로했다. 그것이 심적 안정감을 주었기 때문이다. 이런 생활의 패턴은 남에게 괜찮은 사람으로 보이고 싶은 자존감 낮은 사람으로 이끌었다. 껍데기는 어른이지만 알맹이는 겁 많은 어린아이가 내면에 웅크리고 있었다. 항상 열심히만 하는 사람, 매번 양보하고 착해서 손해보는 사람, 시키면 거절하지 못하는 '어른 아이'가 되어 있었다. 스스로 당당하지 않다는 것을 알고 있지만 알을 깨고 나오기는 쉽지 않았다.

'줄탁동시啐啄同時'라는 말이 있다. 병아리가 알에서 깨어나기 위해서는 어미 닭이 밖에서 쪼고 병아리가 안에서 쪼며 서로 타이밍이 맞아야 한다는 뜻이다. 즉, 큰 변화가 생기려면 내부적 역량과 외부적 환경이 적절히 조화로워야 한다는 것인데 나에게도 동일했다. 자신의 알을 깨고 싶어 하는 욕구와 부동산 투자라는 외부 환경이 만나 인생의 알이 깨진 것이다. 그와 동시에 인생이 180도 변하게 되었다. 물론 하루아침에 일어나진 않는다. 시나브로 변한다. 거래에 있어서는 내어 줄 것은 주고, 취할 것은 취하는 자세로 변했다. 부동산 중개사를 접하고 거래를 할 때, 세입자에게 조건을 내걸거나 달랠 때, 세무사와 협의할 때, 매도자의 의중을 파악할 때, 세무서 직원에게 양해를 구할 때, 나에게 도움을 요청하는 사람을 접할 때. 모든 상황에서 자신감 있는 사람으로 변했다. 자본주의에서 '거래'는 핵심이라는 사실을 몸으로 깨달았기 때문이다.

결국 '쫄보'였던 겁쟁이가 사자의 심장을 갖게 되었다.

혹시 당신도 나와 결을 같이하지 않는가?

혹시 부동산 소장님에게 이야기를 붙이는 것도 어렵지 않은가?

자기 본업을 잃을까 아무것도 못하고 있지 않은가?

물건을 살때 흥정이나 둘러보는 것을 어려워하지 않는가?

당신의 월급에서 '세금'으로 얼마나 털리고 있는지 아무것도 모르고 있지 않는가?

은퇴 후 어떻게든 되겠지 하는 안일한 생각을 하고 있지 않는가?

세입자 혹은 회사 동료에게 부탁하거나 거절을 어려워하고 있는가?

맞다. 모두 내 과거의 모습이다. 당시 나에게 새로운 도전은 미친 짓이었지만, 그 미친 선택이 결국 '사람'을 바꾸어 놓았다. 부동산 투자 하나가 내 인생을 바꾼 것이다. 당신이라고 못 할 게 있겠는가? 미리 겁내지 말고 이제부터 준비해 보자. 부동산을 통해서 우리는 사자의 심장을 품을 수 있다.

이제, 새로운 세상을 만날 준비가 되었는가?

그럼 나와 함께 시작해 보자.

2장

부동산
하락장에도
통하는
지역 선정
시크릿

1

가격은 시장에서 정해진다

» 부동산은 비교의 시장!
비교로 시작해서 비교로 끝나는 집값의 비밀

"과장님 있잖아~ 아무리 생각해 봐도 부동산은 감으로 하는 거 같아."

과거 직장 동료는 이런 굳은 믿음을 가지고 있었다. 확실히 옛날에는 그런 경향이 있었다. 투자에 필요한 정보가 대중에게까지 공유되지 않았으니 말이다. 그러나 지금은 많은 것이 변했다. 거래 내역 뿐만 아니라 시세 정보들이 투명하게 공개되고, 민간 업체에서 부동산 정보를 가공해서 제공해 주기 때문이다. 감으로 하던 부동산 투자의 시대는 저물었다. 여전히 완벽한 해답지는 없어도, 최소한의 참고서는 생긴 것이나 다름없다.

이전까지는 강남 복부인이나 투자 큰손들의 전유물로 취급되던 부동산 시장의 정보가 투명해진 것은 분명히 좋은 현상이라고 믿는다. 이제는 정보의 비대칭에서 벗어나 모두 패를 까놓고 동등하게 거래하며 경쟁하는 시장이 되었기 때문이다. '시장'이라는 경제 생태계에서 수요와 공급이 줄다리기하며 집값은 오르기도 하고 내리기도 한다. 과거 한 지인이 이 같은 원리를 머리로는 알겠는데, 집값이 오르내리는 것이 명확하게 이해되지는 않는다고 한 적이 있다. 그에게 다음과 같은 예를 들어 설명해 주었더니 한 번에 이해했다.

1년 전, A가 20만 원을 주고 커피 머신을 샀다고 가정하자. 그런데 집에서 사용하지 않아 중고로 판매하려고 했을 때, 얼마에 내놓아야 적정한 가격일까? 먼저 중고거래 앱 내에서 같은 브랜드, 같은 연식의 중고 매물들을 찾아서 비교했다. 그 가격이 대략 10만 원 정도로 형성되어 있었다. 깨끗하게 써서 내심 13만 원을 받고 싶었는데 A의 생각보다 가격이 낮았다. 그래도 본인의 물건은 깨끗한 상태인 것 같아서 그중 최고의 가격인 11만 원에 올려 놓았다.

그런데 슬프게도 아무런 연락이 없었다. 역시 가격이 비쌌던 걸까? 결국 10만 원까지 가격을 내렸지만, 역시 사겠다는 사람이 없다. 주말에만 거래할 수 있다고 해서일까? 여러 고민 끝에 가격을 9만 원으로 내렸는데 바로 연락이 와 거래에 성공했다.

A의 커피 머신이 9만 원에 팔린 이유는 무엇일까? 다른 제품들보다 가격이 싸고 깨끗한 매물 상태였기 때문이다. 이같이 '가격'은 시장에서 정해지며, 가격이 정해지는 원리는 결국 다른 물건과의 '비교'이다. 아무리 판매자가 자기 물건의 적정 가치가 13만 원이라고 생각해 가격을 책정해도 사줄 사람은 비교를 통해 선택한다. 사는 사람이 선택한 바로 그 가격이 실거래가, 즉 시장가가 되는 것이다.

» 아파트에도 동일하게 통하는 시장의 논리

옆 단지 아파트가 4억 9천만 원에 팔렸으면, 자신은 그보다 비싼 5억 원에 팔고 싶은 것이 인간의 심리이다. 지난달 5억 원에 거래됐다면 이번 달에는 5억 1천만 원에 팔고 싶은 것도 너무 당연하다. 물론 아무도 사주지 않는다면 중고로 팔려던 커피 머신처럼 자연스럽게 가격이 내려간다. 언제까지 내려갈까? 팔릴 때까지다. 여기서 딜레마가 발생한다. 자기가 사는 동네의 옆 아파트라면 누구나 쉽게 비교가 가능하다. 눈으로 직접 보며 바로 비교가 되니 말이다. 그럼 좀 더 나아가 다른 동네와 비교, 다른 구와 비교, 다른 시와 비교를 할 수 있는 능력을 탑재한다면 어떻게 될까?

"그 동네는 시끄러워서 우리 동네보다 별로야. 그러니까 집값이 싸지" 같은 주관적 생각이 아니라 각 지역(시도별, 구별, 동별)의 가격과 수요와 공급, 지역 분석까지 모두 마친다면 아마 그때는 머릿속에서 가격이 저렴한 것(저평가)인지 비싼 것(고평가)인지 비교가 일어나면서 적정가인지 알 수 있지 않을까? 부동산 투자자들은 이와 같은 비교를 통해서 저평가 지역을 찾아내고 타이밍을 잡아 진입하게 된다. 투자자는 그저 물이 들어올 곳을 먼저 선점하는 것뿐이다. 그 순간을 위해 끊임없이 비교하고, 비교하기 위해 정보를 모으고 임장을 다니며 부동산을 공부한다.

비교에서 승자는 누구일까? 많은 정보를 가진 사람과 비교군이 많은 사람이다. 그래서 전국 시황을 살펴보고 끊임없이 비교하고 지역을 방문하고 공부하는 것이다. 비교와 더불어 언급한 타이밍은 지역별 수요와 공급, 사람의 심리, 금리, 정부 정책 등이 요인으로 작용한다. 그리고 투자자들은 내 손에 딱 떨어지는 돈, 즉 수익성을 위해 세법부터 대출 종류, 매수 방법(경매, 공매, 갭투자 등)을 공부한다. 커피 머신을 가장 저렴하게 사는 방법은 전국의 중고장터에서 같은 브랜드, 동일 기종의 커피 머신을 전수 조사해서 비교해보고 가장 싸고 깨끗한 상태의 물건을 매입하는 것이다.

그럼 아파트 비교는 어떻게 하면 좋을까? 부동산을 비교할 때 가장 많이 쓰는 지표가 바로 '평당가'이다. 투자할 때 아파트 전체의 매매 가격을 가장 많이 사용했을지 모르지만, 부동산 가격 비교에 가장 효율적인 것은 평당가다. 평당가는 비교라는 의미에서 절대적이다. 왜냐면 1평(3.3㎡)당 가격을 의미하게 때문에, A 아파트와 B 아파트를 평당가로 셈해보면 정확하게 비교할 수 있다. 결국 최소 단위를 이루고 있는 1평의 기본 가격을 알면 전체 총합을 비교해 보지 않아도 바로 답이 나오는 것과 같다.

예를 들어 같은 30평대 아파트 중에서도 평수가 A 매물(31평, 5억 원)이 있고, B 매물(36평, 5억 2천만 원)이 있다고 가정해 보자. 매물의 가격은 비슷한 30평대 아파트로 보이지만, B 매물 36평의 평당가가 1,444만 원으로 A 매물 31평 아파트 평당가 1,612만 원보다 가격이 더 싸다. 동일 입지, 동일 상품으로 생각하면 B 매물 36평 아파트가 저평가된 것이다. 항상 가격의 기본 단위인 '평당 가격'을 이용하면 확실하고 정확하게 볼 수 있다. 왜 인테리어 공사도 평당 가격으로, 분양 가격도 평당 가격으로 측정을 하고, 매물의 가치를 매길 때 평당가를 쓰는지 알겠는가?

보통 아파트 가격을 비교할 때 33평을 기준으로 한다. 흔히 이걸 국평(국민평수)이라고 부른다. 이름에서 느낌이 딱 꽂히듯이, 이는 실거주와 연관이 있다. 보통 아파트를 매수하는 연령대는 40대이며, 더 이상 미룰 수 없어 주택을 매수하는 메인 층도 40대이다. 40대라면 앞으로 자녀들이 커가는 것을 생각해야 하기 때문이다. 중, 고등학생 자녀와 함께 살기에 20평대(59㎡)는 다소 작은 느낌이 있다. 그리고 아이들의 학교 때문에 한번 자리를 튼 집에서 이동하는 것은 현실적으로 어렵기에 국평을 주로 선택한다. 게다가 매도할 때도 84㎡가 더 유리하다. 59㎡(24평)에는 임차인이 많이 살지만, 84㎡는 소유주가 직접 거주할 가능성이 비교적 크다. 매도 시 수요층이 훨씬 다양하다는 뜻이다. 84㎡는 투자자에게도 팔 수 있고, 실거주할 사람에게도 팔 수 있어 유리하다. 실거주는 마음에 든다면 가격을 마구 깎으려 하지도 않는다. 결론은 사람들의 수요의 크기가 가장 큰 34평(84㎡)을 국평으로 부르고, 기준으로 잡는 다(무조건 84㎡만이 투자에서 정답이란 이야기는 아니다. 타이밍과 트렌드에 따라 평형의 수요는 변하기도 한다. 하지만 84㎡가 대체적으로 무난하다는 것은 부인할 수 없다). 국평을 기준으로 소형 평수와 대형 평수 가격을 비교하기도 한다.

» 아파트 가격 비교 실전

지역을 인천광역시로 한정해 아파트 가격을 비교해 보기로 하자. 인천에서 가장 수요가 많은(다수의 사람이 찾고, 모두가 살고 싶어 하는) 아파트는 어디일까? 이 질문을 받았을 때 '사람들의 머릿속에 공기 좋고, 학군 좋고, 교통 좋고, 새 아파트인 곳이 어디지?'를 생각하기에 바쁠지도 모른다. 허나 머리 굴릴 필요 없이 위 조건을 다 포함하는 것이 바로 가격, 즉 '평당가'다.

인천에서 가장 평당가가 높은 아파트가 있는 곳은 어디일까? 연수구의 송도 신도시이다. 그럼 송도 신도시에서 가장 비싼 곳(수요가 가장 많은 곳)은 어디일까? 부동산 빅데이터 플랫폼 '호갱노노'나 '아실'을 이용하면 인천 송도의 중심부 중 가장 비싼 아파트를 찾을 수 있다. 매물 정렬을 가격순으로 설정해 가장 평당가가 높은 곳부터 한번 그 숫자를 눈으로 훑어보자. 우리가 보고 있는 가격의 순서가 사람들의 선호도의 순서(수요의 크기)를 뜻한다. 그래서 가장 평당가가 높은 아파트를 대장 아파트라고 부르고, 랜드마크로 부르기도 하는 것이다.

하지만 착각하지 말아야 할 것이 있다. 평당가는 가격을 나타내는 지표지만, 지금 이 순간에도 계속되는 비교로 가격이 변동하고 있다는 것이다. 오늘의 1등이 내일의 2등이 될 수도 있다. 내일 2등이 된 아파트가 또다시 1등이 될 수도 있다. 계속해서 비교가 일어나 실거래가 이루어지기 때문에 지금 대장이 영원한 대장도 아니며 현 평당가도 영원하지 않다. 또한 실거래 가격의 등록일이 거래일로부터 1개월 이내이기 때문에, 그 사이의 시차도 존재한다. 게다가 아파트는 하나의 큰 덩어리 같아 보이지만, 대단지 같은 경우에는 동, 향, 층, 뷰에 따라서 가격 차이가 1억까지도 난다. 이처럼 가격은 천차만별이다.

그렇다면 도대체 왜 봐야 하는 걸까? 대략적인 대장들의 가격 정리(시별, 구별, 동별 가격)와 수요의 크기(가격)를 눈으로 볼 수 있으며, 가격이 오르내리는 흐름을 느끼기 위해서다. 추후 지역 공부도 자세히 하겠지만, 가장 빠르게 한 지역을 훑어보고 알아볼 수 있는 것이 가격이다. 가격 속에 모든 내재 가치가 포함되어 있다. 가격의 순서가 머릿속에 들어오면 직접 부동산 현장에 나갔을 때, 왜 이곳이 다른 곳보다 비싼지 몸으로 느낄 수 있다. 지역 공부와 더불어 진행하면 지도상으로 봤을 때는 별로였는데, 실제 가격이 높은 이유도 머릿속에 고스란히 스며든다. 나중에 이 평당가들이 머릿속에 정립되면 일일이 다 정리하고 확인할 필요도 없이 싼 곳이 바로 느껴지는 원리와 같다.

그러면 조금만 더 나가보자. 인천 연수구를 지도에서 보면 한눈에 어느 아파트가 비싸고 싼지 한눈에 들어온다. 비교도 즉시 할 수 있다. 아파트들끼리 바로 옆에 붙어 있으니 가격 차이가 나는 이유가 확연히 나타난다. 그럼 연수구를 벗어나 인천광역시 전체의 지도를 보면 어떠할까? 송도의 대장과 인천 부평구의 대장을 비교해 보는 것이다. 이번에는 인천을 벗어나 인천과 수도권의 지도를 보자. 예를 들어 송도 대장과 경기도 용인시 대장을 비교해 보자. 더 크게 전국의 지도 속에 송도의 가격을 살펴보자. 송도 대장과 울산광역시 남구 대장과 비교해 보자. 왜 뜬금없이 다른 지역을 비교하는 걸까? 앞서 설명한 것 중에 '가격'에 사람들의 가치, 심리, 지역 변화까지 포함되어 있기 때문이다. 저평가란 갑자기 뿅 하고 나타나는 로또 같은 물건이 아니라, 전국 동급 최저가 찾기와 비슷한 것이다.

허나 하나의 딜레마가 또 나타난다. 비교해 보니 가격적으로 저평가는 확실한 것 같은데, 대체 그동안 오르지 않았던 이유가 무엇인지 고민하게 된다. 여기서 부동산의 특징이 나온다. 바로 지역성과 시점(타이밍)이라는 변수의 존재다. 그 요소에 안에는 공급과 수요, 인구수 변화, 심리까지 많은 변수가 포함되어 있다. 가격이 저평가라도 지역마다, 시점마다 틀린 것이다. 그래서 공부가 필요하다. 이건 다음 장에서 더 자세히 배울 테니 걱정하지 말자.

⌂ 아파트 가격 비교하기 실습

1. 네이버 부동산

평형 설정＞탭에서 평당가 클릭

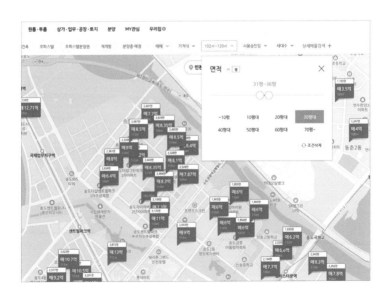

2. 호갱노노

평형 설정 > 탭에서 평당가 클릭

돈이 되는 부동산 임장 시크릿

기회는
항상 있다

» 아파트와 부동산은 옮길 수 없다

부동산이 가지는 뚜렷한 특성이 있다. 부동 不動이라는 이름에서 알 수 있듯이, 움직이지 못한다. 옮기고 싶어도 옮기지 못한다는 뜻이다. 어떤 물건을 팔고자 할 때, 시장에 내놓을 수 있는 것이라면 전국 방방곡곡 돌아다니면서 물건을 팔 수 있다. 그러나 부동산은 옮기기 못하므로 마음대로 팔지 못한다. 지역 안에서 해당 수요자에게만 팔 수 있다. 이런 특성을 '지역성'이라고 한다. 수요자도 공급자도 지역성이라는 한계를 가진다. 이 특성 때문에 가격이 지역마다 제각각이다. 같은 건설사, 시공사가 똑같은 아파트를 지어서 공급하더라도 지역마다 가격이 틀리다는 말이다. 특별히 금을 바른 고가의 시멘트, 철근을 쓰는 게 아닌데도 불구하고 지역마다 아파트의 가격은 천차만별이다. 아무리 부동산 바닥에 깔린 땅값이 차이가 난다고 하지만, 비슷한 수준의 도시에서조차 가격이 제각각인 데에는 이유가 따로 있다. 돈을 쓸 수 있는 사람이 거주하는 범위가 해당 지역 바운더리(경계)에 포함되기 때문이다. 이렇게 생각하면 간단하다.

- 울산에 사는 사람이 서울로 매일 출퇴근할 수 있을까?
- 제주도에 사는 사람의 자녀가 부산의 학교로 통학할 수 있을까?
- 인천에 사는 주부가 전주에 있는 시장에 매일 장을 보러 갈 수 있을까?

직장, 교육, 생활 환경을 누리는 지역 주민들은 되도록 그 환경에 가깝게 거주하려고 한다. 그래서 수요자들이 요구하는 힘이 미치는 지역까지 일종의 '지역별 그룹'이 형성된다. 서울의 영향이 경기도, 인천과 함께 거시적(큰 틀에서)으로 움직이는 것은 상식선에서 이해된다. 그중, 지역성을 띠게 되는 가장 큰 이유는 뭘까? 일자리(직장)의 영향이 가장 크다. 통상 '직주근접'이라고 부른다. 일자리라고 쓰고, 현금 흐름으로 이해하고 '내 주머니 속의 돈'이라고 읽는다.

결국 예나 지금이나 생업을 위한 직장으로의 연결이 가장 중요하다. 한국에서 양질의 일자리가 가장 많은 곳은 어디일까? 그렇다. 바로 서울이다. 서울 중 어느 곳의 땅값이 제일 비싼가? 그렇다. 대한민국 부동산의 대명사 강남이다. 일자리가 많은 서울 3대 주요 지역은 여의도, 종로, 강남이다. 그중 강남에는 양질의 일자리가 많고, 그에 따른 수요의 힘이 가장 크기 때문에 그 값이 가장 많이 나가고 상승할 때도 큰 폭으로 오른다. 양질의 일자리는 고소득자를 낳고, 고소득자는 지갑을 열고 지출을 늘린다. 누군가의 지출은 다른 누군가의 수익이 된다. 일자리는 또 다른 새로운 부가 일자리들을 만들어내고 끊임없이 사람은 또 다른 사람들을 모으고, 선순환하며 경제가 돌아가는 것이 경제의 원리이며 부동산 또한 이와 맥을 같이 한다.

앞서 설명한 대로 돈을 쓸 수 있는 사람들의 수요가 작동하는 지역의 한계가 있기에 가격이 함께 움직이는 지역별 그룹이 있다. 하나의 세트라고 생각하면 편하다. 결국 수요가 미치는 지역은 가격이 함께 움직이는 경향이 있기 때문이다. 수치와 그래프로 바로 확인해 보자.

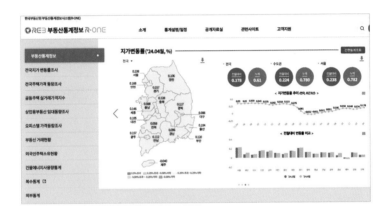

지역성을 함께 가져가는 지역 세트 찾기 실습

1. 한국부동산원(구 한국감정원) 사이트에서 'R-One 부동산통계시 스템'으로 접속한다.

   https://www.reb.or.kr/r-one/main.do

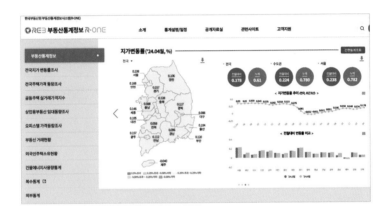

2. '전국 주택가격 동향조사' 탭으로 들어간다.

   월간동향 > 아파트 > 매매가격지수 클릭한다.

3. 상단 '지역' 탭>[시도별] - [상세지역선택] & [검색 기간]
(원하는 기간)

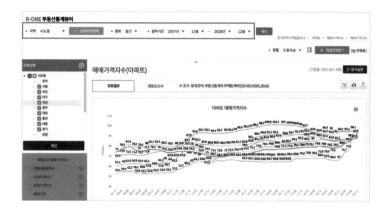

위와 같이 전국의 시도별 그래프 정보를 얻을 수 있다. 매매 가격 지수의 움직임이다. 하단에 지역별 그래프들을 하나씩 끄고 켜면서 비슷한 움직임을 보이는 곳을 찾거나, 직접 해당 지역만 좌측 탭에서 선택해서 찾아보도록 하자.

대표적인 곳이 수도권이다. 인천과 경기는 연접된 지역인 만큼 움직임이 매우 유사하다. 서울 그래프까지 합쳐서 보도록 하자. 거시적으로는 동일한 흐름을 가지고 있고, 서울이 수요의 힘이 세기 때문에 먼저 치고 올라간 후 다음 순번으로 경기도와 인천이 치고 올라가는 모습까지 포착할 수 있다. (여기서 배울 수 있는 것은 수요의 힘이 큰 것부터 움직인 후 다음 순번이 오른다는 점이다. 흔히 키 맞추기, 갭

메우기라고 부른다. 시, 구 같은 큰 영역으로 적용되기도 하고, 동 단위, 단지 단위로도 적용된다. 다시 한번 말하는 이유는 가까운 옆 단지가 오르면? 우리 단지가 오를 차례가 왔다는 뜻이다.)

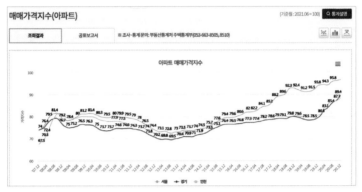

서울·인천·경기 가격추이

지역적으로 가까운 위치에 속해서 수요가 미치는 영향이 있는 지역들은 비슷한 움직임을 보인다. 예로 들어 대전광역시와 세종특별시가 그러하다. 지수로 표현된 그래프의 높낮이의 낙폭은 다르지만, 전반적인 흘러가는 흐름의 모양새는 같다.

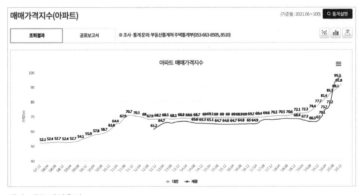

대전·세종 가격추이

돈이 되는 부동산 임장 시크릿

이곳에 대구광역시의 그래프를 동일하게 대입시켜 보면 2015년까지의 대구는 상승, 16~17년에는 하락으로 가는 것이 보인다. 하지만 대전과 세종은 상대적으로 보합에 가까운 그래프를 보여준다. 바로 이것이 지역마다 상승과 하락의 시기가 다르다는 것을 방증한다.

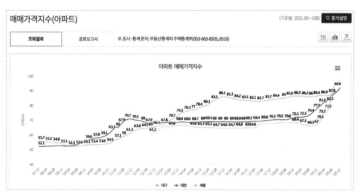

대구·대전·세종 가격추이

대한민국 제1의 도시 서울과 제2의 도시 부산을 비교해 보면, 2017년 기점으로 부산의 시세가 급격히 빠지는 것을 볼 수 있다.

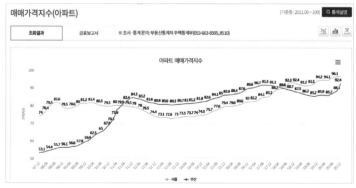

서울·부산 가격추이

전라도 광주광역시와 경상도 울산광역시의 그래프를 보아도 흐름이 명백히 다르다. 특히, 2017년도 가격이 점진적으로 상승하는 광주와 달리 울산은 19년 하반기까지 줄곧 가격이 빠지기 시작했다.

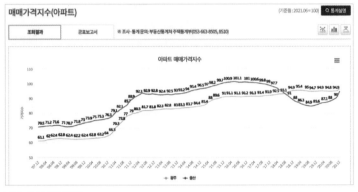

광주·울산 가격추이

왜 지역마다 가격의 흐름이 다른 것일까? 부동산은 '지역성'이라는 특성을 가지기 때문이다. 비슷한 시세 흐름을 보이는 곳들을 스스로 한번 찾아보길 바란다. 직감적으로 가까이 있는 지역을 살펴보면 유사한 흐름을 보인다는 것을 알아차릴 수 있다. 결론은 수요가 미칠 수 있는 동일한 지역성을 가지고 있는 곳의 움직임은 유사하다는 것이다. 지역성이 동일한 곳에서는 '수요의 힘'이 가장 큰 곳부터 움직이며 다음 순번이 따라 움직일 가능성을 만들어 준다.

돈이 되는 부동산 임장 시크릿

≫ 부동산은 필수재다

    사람이 살아가는 데 필수적인 세 가지 요소, 의식주衣食住. 부동산은 이중 '주'에 속하는 필수재이기 때문에 해당 지역의 거주자는 직, 간접적으로 시장에 강제로 참여하게 된다. 매수를 하든, 빌려서 쓰든 둘 중 하나다. 가족들과 거리에 나앉겠다고 결심하지 않는 이상 부동산은 반드시 필요하다. 때문에 수요와 공급이 가격에 가장 큰 영향력을 미치며, 이 수요와 공급은 앞서 말한 지역성을 강하게 띤다.

    지역성을 띤다는 말은 결국 상승과 하락의 흐름이 다르다는 말이다. 극단적으로 예를 들면, 2008년 세계 경제 위기 때 왜 부산은 타격 없이 꾸준히 상승했을까?

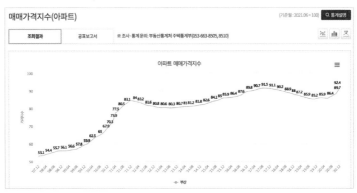

부산 가격추이

    대체 광주라는 지역은 왜 하락이 거의 없는 사기 캐릭터인가?

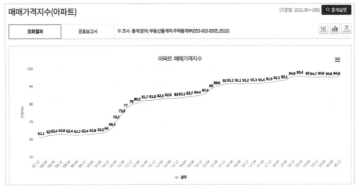

광주 가격추이

　부동산은 다양한 변수들이 작용하지만, 그 지역의 수요와 공급이 가장 중요하게 작용한다. 결국 부동산 투자의 강점은 바로 지역마다 상승과 하락을 다르게 한다는 것이다. 마치 우리의 바이오리듬같이 신체, 감성, 지성의 리듬이 따로 논다. 그래서 갈아 탈 타이밍만 잘 잡으면 좋은 수익률을 올릴 수 있다.

≫ 외부 영향에 흔들린 부동산 지역성

　대한민국의 부동산 역사 중, 가격이 한 번에 같이 빠진 경우는 근래 2번 있었다. 바로 IMF와 코로나가 종식되던 해인 2022년을 기준으로 시작된 연준의 급격한 금리 인상 시기다. IMF는 우리나라를 포함한 동아시아의 위기였고, 22년 금리 인상은 전세계적으로 파급 효과가 컸다. 즉, 앞서 설명했던 내부적 수요와 공급을 후

려칠 강력한 외부적 충격이 존재한다는 말이다. 부동산이 지역 그룹핑을 모두 무시하고 가격이 동반 하락한 것은 바로 급격한 금리 인상에 있다.

금리는 다른 말로 '돈의 가치'라고 쓴다. 저금리란 말은 돈의 가치가 낮다는 뜻이고, 고금리라는 말은 돈의 가치가 높다는 뜻이다. 과거 저금리 시절, 돈의 가치가 낮아서 돈을 다른 재화 혹은 자산으로 교환해 놓았다. 누군가는 주식으로 교환하고, 누군가는 부동산으로 교환했다. 심지어 롤렉스 시계나, 샤넬 가방으로 바꾸어 놓은 사람도 있다. 시간이 지나면 돈보다 더 가치 있게 인정받으니까 말이다. '샤테크(샤넬+재테크)'란 말이 그냥 나온 게 아니다. 결론적으로 돈을 다른 자산으로 교환해 놓는 이유는 현금보다 더 많은 수익률을 가져다 주기 때문이다. 허나 고금리 상황이 되면 돈의 가치가 올라가 그 상황이 뒤바뀐다. 일개 개인의 IQ는 100 남짓에 불과하지만, 시장의 IQ는 채 수치를 매길 수 없을 정도로 영특하기 때문에 효율적인 곳으로 수요가 정확하게 쏠린다. 자산의 가치인 부동산도 마찬가지다. 부동산보다 현금이 더 필요하고 수요가 쏠린 영향이 크다.

다만, 앞에서 부동산은 지역성을 띠므로 금리 변화에 큰 영향을 받지 않는다고 설명했다. 그렇다면 대체 왜 이 두 경우는 그 특성을 무시하고 전국의 가격 조정이 한 번에 일어났을까? 결론은 단순 고금리가 아니라 미친 듯한, 급격한 금리 상승이 동반되었기 때문이다. 0.5% 정도의 금리에서 10번 이상의 연속 상승 끝에 5%의 금리를 뚫어버렸다. 단순한 상승이 아니라 '10배' 이상이 한 번에 튀어 오른 것이다. 대출을 받은 사람이라면 돈을 빌린 대가로 지불해야 할 이자의 금액이 10배가 된 것과 같다. 그것도 단기간에 가파르게 오르다 보니 급전이 필요한 사람과 이자를 충당하지 못하는 사람은 자신이 가진 자산을 내던질 수밖에 없어 자산의 가격이 폭락하는 상황이 일어난 것이다.

더불어, 그 시기의 폭락은 대한민국에 국한된 것이 아니라 전 세계가 함께 경험했다. 부동산은 수학 공식처럼 '금리를 2번 올리면 10%만 빠질게' 같은 약속을 지켜 주지 않는다. 사람들이 하락에 대한 두려움에 동시다발적으로 던지기 시작하면 급격히 빠지기도 한다. 하물며 은행에 자신이 맡겨 놓은 현금을 인출하러 달려가는 '뱅크런bank run'이 일어나면, 은행이 망하기도 하는 것이다. 하지만 세계의 어떠한 정부도 함께 망하는 것을 원하지 않는다. 결국 시장은 균형을 찾아가게 될 것이고, 수요와 공급의 균형이 맞아떨어지는 순간 또 역사는 반복될 것이다.

≫ 결국 부동산 투자 공부가 필요한 이유

최근 급격한 글로벌 금리 상승으로 인해 자산 가격이 일제히 하락했다. 한국 부동산은 이미 매를 맞았다는 뜻이다. 아이러니하게도 얼마나 든든한가. 오히려 지금이 공부의 적기다.

과거 투자 초보자 시절, 투자를 진행할 때 내가 손 쓸 수 없는 외부 충격이 가장 무서웠다. 하지만 이 불확실성을 무서워해서는 아무것도 이루지 못한다는 걸 깨달았다. 마치 내일 하늘이 무너질까 두려워서 아무것도 하지 않는 것과 같다. 외부 충격, 즉 경제 위기는 극복해야 할 대상이지 피하고 무서워할 대상이 아니다.

물을 어떻게 대하는가에 따라 누군가에는 놀이터가 될 수도 있고, 공포가 될 수 있다. 투자도 마찬가지다. 투자에 대한 두려움부터 생각한다면, 물에 빠져 죽는 익사의 공포를 먼저 강조하고, 물을 즐기고 헤엄치는 법은 배우지 않는 꼴이다. 결국 공포는 스스로가 만들어낸 실체가 없는 허상이다. 투자하면 망한다는 말은 바다에서 수영하다가 죽는 사람이 많으니, 바다 근처에는 얼씬도 하지 말라는 말과 같다. 영화 〈트루먼 쇼〉의 주인공 트루먼처럼 고립되어 살 것인가, 아니면 바다를 넘어 다른 세상으로 나아갈 것인가?

세상의 가스라이팅에 속으면 안 된다. 얕은 물에서부터 차근차근 헤엄치는 법을 배운다면 위험하지 않다. 처음부터 깊은 물에 들어가려는 욕심으로 사고가 나는 것이지, 가볍게 운동하려는 마음으로 시작하면 충분하다. 수영을 배우는 목적이 펠프스가 되는 것이었다면 나는 일찌감치 나가떨어졌을 것이다. 하지만 투자를 배우는 본질을 자본주의 안에서 성장하고 투자 역량을 키워 나는 것으로 정의하고 시작했다. 천천히 물에 대한 적응력을 높이면서 나중에 물이 크게 들어 왔을 때 멋지게 파도를 타면 된다. 그저 투자로 한탕 잡아 수영을 그만두고 휴양지에서 놀고먹으려던 투자 선배들은 물에 빠져 지금 어디선가 허우적대고 있을 수도 있다. 이 글을 읽는 사람들은 욕심을 철저히 경계하며 천천히 성장하길 바란다. 아직도 두려운가? 두려워질 때마다 아래의 문장을 떠올려 보자. 당신은 반드시 성공할 것이다.

> 수영의 중요성에는 주목하지 않으면서, 익사의 위험성은 지나치게 과장했다. 더 많은 이들이 도전할수록 더 많은 이들이 물에 빠질 것이다. 그건 옳은 말이다. 하지만 더 많은 이들이 수영을 배우게 될 것이라는 점도 분명하다. _세스 고딘, 《이카루스 이야기》

3

수요와 공급만 파악해도
실패는 없다

앞서 설명했던 부동산은 필수재이고, 움직이지 못하는 지역성 이란 특징이 있기에 수요의 한계를 가진다고 이야기했다. 그래서 부동산은 지역마다 흐름이 다르고 사야 할 타이밍이 완전히 다르 다. 흐름이 지역마다 다른 건 이해했을 것이다. 한 단계 더 나아가 보자. 왜 부동산 가격은 오르고 내리는 사이클을 반복하는 걸까? 바로 건축으로 인한 '공급'의 시간적 한계 때문이다. 간단히 설명 하면 과거 코로나19 시절 공급이 극도로 부족하던 시기에는 마스 크를 약국 앞에서 줄을 서서 인당 허용된 개수만큼만 구입할 수 있 었다. 마스크 공장 증설이 부족했기에 몇 달을 마스크 대란으로 고

생해야 했다. 그러나 코로나19의 종식에 가까워졌을 때는 어떠했는가? 마스크 가격은 그야말로 똥값이 되었다. 공급이 지나치게 많아진 탓이다.

기본적으로 철근과 콘크리트를 기반으로 만드는 최종 상품인 아파트와 건축물 또한 공급에 태생적 한계를 가지고 있다. 건축물은 인허가부터 완공까지 기본적으로 3년 정도의 시간이 무조건 필요하다. 공급이 부족하더라도 당장 만들어낼 수가 없다. 게다가 건물을 짓는 시간만 2~3년 이지, 기본적으로 착공을 진행할 땅을 마련하는 시간은 더 오래 걸릴 수 있다. 결국 이 공급까지 걸리는 시간적 한계로 인해 상승과 하락을 반복하는 '사이클'이 존재하게 되는 것이다. 사이클이란 가격이 오르내림을 반복하며 순환하는 것을 말한다. 사실 이 사이클은 다른 시장 상황에도 동일하게 적용 가능하다. 가장 중요한 것은 수요와 공급의 균형이 깨질 때 발생하는 것이다.

한때 인기 상품이었던 팔도의 꼬꼬면과 해태제과의 허니버터칩이 이와 같은 상황이었다. 소비자들의 수요에 공급이 못 따라와 상품은 리셀까지 되며 가격이 폭등했고, 제조업체는 돈이 된다는 것을 알아채고 공장 라인을 증설해 공급이 과다해지고 흔해진 제품은 가격이 하락해 원위치로 돌아오고 재고가 남는 과정을 거친 것이다.

이 과정에서 특히 주목할 점은, 공급이 부족하면 구매자의 심리가 가격에 반영된다는 사실이다. 가라앉는 배에서 구명조끼 하나가 남았다면 부르는 게 값일 것이다. 공급이 부족해서 지금을 놓치면 영영 집을 살 수 없을 것 같은 공포에는 부르는 게 값이 된다. 지난 부동산 시장도 동일했다. 흔히 포모FOMO, Fear Of Missing Out 증후군(다른 사람은 모두 누리는 좋은 기회를 놓칠까 봐 걱정되고 불안한 마음)이라고 라고 불리는 심리적 위협이 가격을 천정부지로 올린 것이다.

그럼 국가에서 알아서 잘 계획해서 집값에 문제없도록 하면 되지 않을까? 국가가 공급하는 주택의 임대 주택시장을 살펴보자. 최은영 한국도시연구소장의 조사에 따르면 10년 임대(10년 후 분양전환)와 전세 임대를 빼고 계산해 본 결과, 2022년 공공임대 주택 비율은 5.8%에 불과했다. 주택 공급을 거의 민간이 담당하고 있다고 봐야 한다.

건설사들은 바보가 아니다. 돈이 되어야 사업을 진행하고, 임직원들의 월급을 줄 수 있다. 공급이 부족해서 아파트 가격이 폭등하면, 아파트 건설사들은 돈이 된다는 것을 알아채고 너도나도 아파트를 분양하고 건설하여 추가 공급을 한다. 마스크는 공장을 24시간 가동해서라도 짧은 기간 내 최대 물량을 뽑을 수 있지만, 부동산은 하루아침에 뚝딱 만들 수 없다. 이렇게 많은 공급을 준비한 물량은 2~3년 후 한 번에 많은 호수가 시장에 풀리고, 결국 흔해진 아파트의 매가는 하락하기 시작하는 것이다. 무서운 점은 아파트값의 하락으로 인해 사람들의 수요 심리가 급격히 식는 것이다. 새 아파트의 청약 경쟁률은 떨어지고 결국 미분양이 터지게 된다.

미분양은 쉽게 말해 아파트의 재고라고 생각하면 된다. 기업이 망하는 이유는 바로 이 재고 처리에 있다. 결국 건설사들은 돈이 안되는 것에서 더 나아가, 이러다가 회사가 망할 수도 있다는 신호를 알아차리고 더 이상 추가 공급을 하지 않는다. 결국 시간이 지나면 또 공급이 부족해지는 악순환에 빠지는 것이다. 이 과정의 반복이 바로 '경제 사이클'의 원리다.

과거의 경험이 분명하기에 같은 실수를 할 것 같지 않지만, 인간의 실수는 늘 반복된다. 그것을 역사가 증명한다. 우리가 역사를 공부하는 이유다. 부동산에서 '금리'와 '입주 물량'보다 훨씬 더 중요한 것이 부동산 사이클이다. 지금은 절판된 책이지만, 많은 투자자 사이에서 바이블로 불리는 최명철 작가의 《아파트값, 5차 파동》을 보면 1960년대부터 2000년대에 이르기까지 대한민국 아파트값이 급등한 사례를 시기별로 정리해 놓았다. 파동으로도 불리는 사이클은 주택 시장을 둘러싼 다양한 여건의 변화로 인해 수급 불균형이 발생해 왔다. 이로 인해 시장 에너지가 강해져 가격이 짧은 기간에 큰 폭으로 상승하는 것을 계속 반복해 온 것이다.

부동산뿐만 아니라 모든 거시 경제도 동일하다. 투자의 신 레이 달리오의 책 《변화하는 세계 질서》에 따르면, 역사도 생물체처럼 라이프 사이클이 있어 한 세대에서 다음 세대로 넘어가면서 발전한다. 역사의 시작부터 현재까지 모든 것을 아우르는 하나의 맥락이 있어 기본적으로 동일한 원인으로 똑같은 일이 반복해서 발생하면서 진화하는 것이다. 결국 어떤 패턴과 원인-결과의 관계가 있고, 이에 근거해 미래를 예측할 수 있다. 이런 사건들은 역사상 수차례 발생했으며 제국의 흥망성쇠 사이클의 일부라고도 언급한다.

이처럼 인간의 역사와 경제는 순환한다. 결국 우리는 이 파도 같은 사이클을 잘 이용하여 높은 수익을 얻을 수 있다. 가치 투자의 대가 하워드 막스의 말을 되새길 필요가 있다.

> 사이클의 본질과 현재 위치에 대한 인식이 바탕이 되면 수익을 얻을 수 있는 추론이 가능해진다. 이 경우는 극단에 있던 사이클이 매우 높은 수익을 낼 수 있는 행동이 필요하다고 신호를 보냈다.
>
> _하워드 막스, 《하워드 막스 투자와 마켓 사이클의 법칙》

4

딱 3가지만 알면
무조건 성공한다

 부동산에 사이클이 존재하는 걸 알았으니, 누구나 하락에서 상
승으로 바뀌는 상승 초기에 들어가고 싶어 하지 않을까? 말이 초
기지, 내심 바닥에서 들어가고 싶을 것이다. 사람 마음은 다 비슷
하다. 발바닥에서 사서 머리 꼭대기에서 팔고 싶은 게 인간 본연의
심리다. 하지만 왜 투자의 구루들은 입이 닳도록 '무릎에서 사서
어깨에서 팔라'라고 강조하는 것일까? 바닥과 꼭지는 인간의 욕심
이라는 것을 알고 있기 때문이다. 해당 시점의 바닥과 꼭지는 시간
이 지나서야 알 수 있다. 그러나 인간이 선제적으로 예상하고 알아
맞힐 방법도 있다.

지금부터 설명할 3가지만 알아도 진입 성공 타이밍을 맞출 가능성이 매우 높다. 바로 '공·미·매'이다. 이는 '공급, 미분양, 매매가의 동향'을 축약한 것이다. 아주 중요하니 지금 10번 외치고 시작해도 좋다.

결론부터 정리해 보면, 투자로써 최상의 조건은 '공급(신상 아파트)이 없고, 미분양(남아 있는 재고)도 없고, 매매 가격(수요의 수치)이 오르기 시작할 때'가 바로 최상의 적기다.

공급

공급은 사람들에게 제공되는 신상 아파트의 개수다. 공급량은 앞서 설명한 대로 부동산을 움직이는 가장 큰 요인이 된다. 공급이 매우 많으면 매가는 떨어질 가능성이 크고, 공급이 부족하면 매가는 오를 가능성이 크다. 다만, 새로 생기는 신도시 같은 곳에는 대량의 공급이 있음에도 매가가 오르는 경우도 있다. 신도시라는 지역적 특성과 사람들이 기대하는 발전 가능성이 내재하여 정기적인 수요가 뒷받침되기 때문이다. 공급에서 집중해야 할 포인트는 과잉보다 '부족'이다. 공급이 부족하면 전세가는 필히 올라가며, 전세가는 매매가를 밀어 올릴 가능성이 매우 크다.

미분양

미분양이 발생한다는 말은 아파트 재고가 남는다는 뜻이다. 의류로 치면 '시즌 재고 상품'이라고 표현한다. 사람들이 신상인데도 불구하고 사지를 않는다. 수요의 힘이 끝났다고 할 수 있다. 의류는 팔리지 않은 재고들로 시즌 세일을 하고, 이를 통해서도 처리가 되지 않으면 아울렛으로 간다. 즉, 가격을 할인하여 판다. 언제까지? 팔릴 때까지. 그리고 마지막까지 남은 것은 소각한다. 허나 집을 소각하기란 현실적으로 불가능하다. 그래서 미분양이 발생하면 매가가 떨어진다. 새 집도 팔리지 않는데, 헌 집은 떨어질 수밖에 없는 이치다. 물론 인기가 원래 없는 지역의 미분양은 당연한 결과이기에 큰 영향이 없을 수도 있다. 원래 입지가 좋지 않은 곳에 아파트를 지었는데 미분양이 생기는 건 자연스러운 일이다. 허나 입지도 좋은 곳에 미분양이 생기면, 매가 하락의 가능성이 매우 높다. 거의 99%다. 미분양의 절댓값도 중요하지만, 미분양에 있어 가장 중요한 것은 증가하는 속도와 감소하는 속도다. 역사적으로 미분양 수치는 항상 급격히 증가하거나, 감소했다. 특히 미분양이 급격히 감소하면 항상 매가가 올라가는 반복적인 현상이 일어났다. 지난 역사는 항상 우리에게 답을 준다.

매매가

매매가는 늘 전세가 그래프와 동행한다. 대체로 전세가가 상승하면서 매가를 올리는 상황이 연출된다. 다들 집값이 내려간다고 집을 사지 않고 임차인으로 거주하는 수요가 많아질 때 매가보다 전세가가 먼저 상승하는 경향을 보인다. 스마트한 투자자들의 진입으로 매가가 함께 움직이기도 한다. 매매가를 움직이는 요소는 다양하며 상황에 따라 출렁이기도 한다. 다만 앞서 설명한 공급과 미분양이 없는 상태로 줄곧 하락하던 매매가가 머리를 치켜올리는 정황이 포착된다면 어떨까? 바로 상승 사이클의 시작일 가능성이 농후하다.

》 울산광역시 케이스 스터디

그럼, 실제 사례를 들어 자세히 분석해 보자. 먼저 수도인 서울과 멀리 떨어진 울산광역시(인구 113만)를 살펴보도록 하자. 먼저 매매가부터 보니 2017년부터 하락하던 가격은 2019년 하반기에 바닥을 찍고 상승하기 시작했다. 매매가와 전세가 동반 상승하는 모습을 볼 수 있다. 매매가 변동을 살펴보았으니, 앞서 배운 '공·미·매'를 이용해서 이유를 알아보자.

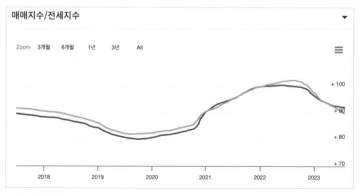

울산 가격추이

울산시의 공급은 부족했다. 앞서 설명한 가장 중요한 공급의 부족이 확연하게 드러난다. 2020~2022년까지 절대적으로 공급량이 부족한 게 한눈에 보인다. 다음 그래프에서 매년 적정 공급 수치를 나타내는 기준선이 붉은 선으로 표시된다. 절댓값은 아니지만, 인구수의 0.5%를 기준으로 잡는다. 역사적으로 매해 새집에 대한 수요를 수치화한 것이다. 반대로 2016~2018년까지 매매가가 하락한 원인은 공급 과잉이 영향을 준 것으로 예측할 수 있다. 적정 공급 수치보다 2배쯤 많았다는 것을 알 수 있다.

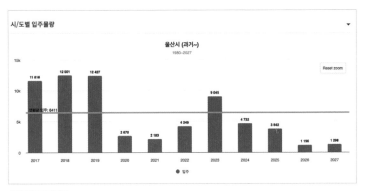

울산의 입주물량

미분양은 소폭 감소세와 과거 평균 미분양 수에 비해 매우 낮은 편이다. 일부 미분양이 남아 있지만 적은 수이며, 중요한 것은 미분양 아파트의 위치다. 사람들이 선호하는 지역의 미분양인지, 울산 내에서도 수요가 없는 곳의 미분양인지 확인을 거쳐야 한다. 사람들이 선호하지 않는 곳의 미분양이라면 크게 신경 쓸 필요는 없다. 다만, 부동산 시장이 과열되면 남아 있던 미분양마저도 모두 완판이 될 가능성이 높다.

과거를 복기해 보면 상승의 이유를 파악할 수 있다. 물론 '공급' 과 '미분양', '매매가'만으로 모든 것을 설명할 순 없다. 금리가 낮아 시중에 돈이 많이 풀린 것(유동성 장세)도 영향이 있고, 수도권과 부산 규제의 풍선효과로 투자자 유입이 증가한 것, 사람들의 심리적 요인도 있다. 허나 앞서 설명한 부동산의 특성들 때문에 시장은 자신이 갈 길을 갔다고 판단할 수 있다. 결국 거시적으로 가장 중요한 공급, 미분양, 매매가를 살피면 부동산 가격 향방을 가늠할 수 있다. 이것만 제대로 파악해도 쉽게 실패하지 않을 것이다. 금리, 규제, 풍선효과, 심리 같은 다른 요인들은 불쏘시개 역할을 하며, 불타는 집에 기름을 붓는 것뿐이다.

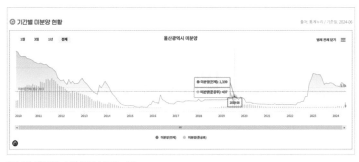

울산의 미분양 수치 (출처: 부동산 지인)

하지만 이것만 알았다고 부동산의 천재가 될 수 있을까? 자신의 투자금이 딱 준비될 때, 저런 타이밍이 알아서 찾아올까? 내년 '7월 8일'에 투자금이 마련될 예정인데, 적절한 투자처가 내 앞에 뿅 하고 나타날 일은 절대 없다. 투자금이 마련되었을 때 이미 부동산 사이클이 허리를 지나 8부 능선에 다다른 시장을 발견할 때가 많다. 결국 자신이 가진 자산 안에서 끊임없는 비교와, 최상의 타이밍, 최소의 리스크. 최고의 수익률을 추려내는 작업이 바로 부동산 투자의 핵심이고 본질이다.

강남 부동산 좋은 것쯤은 누구나 안다. 돈이 충분하다면 그냥 그것을 사면된다. 그만한 돈이 없다면? 이 책을 통해 천천히 공부해 나가면 된다. 수영을 배울 때는 물에 뜨는 방법부터 배우게 된다. 수면 밑으로 가라앉을까 불안해하고 긴장하고 두려워하면 몸에 힘이 들어가 더 빨리 가라앉는다. 오히려 욕심을 버리고 힘을 뺀 채 편안한 마음으로 몸을 물에 맡기면 비로소 물에 뜬다. 지금과 같은 불안한 시장일 때 욕심을 내려놓고 마음에 부스터를 달고 공부를 하면 된다. 시장은 넓다. 고작 우리가 물장구 몇 번 친다고 해서 큰 해일이 일어나지 않는다. 편안한 마음으로 공부하고 준비하자. 반드시 파도가 밀려올 테니 말이다.

5

부동산 상승 신호를
먼저 알아채는 법

샤오미의 창업자, 레이쥔 회장이 말했다. "태풍이 오면 돼지도
날아오른다."

시장도, 투자도 모두 그렇다. 태풍이 불어닥치면 안 오를 것처
럼 보이는 개집도 오르는 게 부동산 시장이다. 과거 투자자들과 집
주인들도 모두 태풍에 몸을 맡겨 좋은 결과를 만들어냈다. 그들이
태풍을 등지고 홀로 맞서 스스로 자연환경을 바꾼 것이 아니다. 우
리는 태풍이 날아오는 신호들만 잘 파악하고 있으면 된다. 집값이
오르는 신호에는 무엇이 있을까? 딱 5가지만 기억하자.

» 첫째, 미분양이 해소되거나 급감하기 시작한다

미분양은 아파트 투자 진행할 때 가장 큰 리스크이므로 먼저 검토해야 할 수치이다. 미분양은 크게 '일반 미분양'과 '준공 후에도 남아 있는 미분양'으로 구분된다. 특히 준공 후 미분양은 악성 미분양에 속한다. 2007~2009년 미분양 무덤으로 불리던 대구는 절대 가격이 오를 수 없었다.

절대 오를 것 같지 않은 부동산 가격은 항상 미분양이 해소됨과 더불어 상승했다. 다음은 다양한 도시들의 예이다. 항상 미분양 그래프는 급격하게 수치가 내려가는 경향이 있으며, 미분양이 내려갈수록 매가는 상승하는 반복적인 패턴을 볼 수 있다.

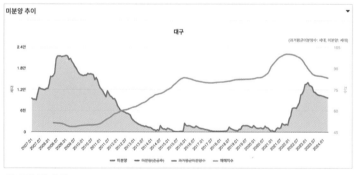

대구 미분양 추이

특히 지역성을 띠는 지방 같은 경우에는 더욱 뚜렷이 매매가와 미분양과의 반비례 관계를 볼 수 있다. 충남, 충북, 경남 그래프들을 보면 미분양이 급격히 감소하는 시기에 매매가는 상승하며, 미분양이 늘어 남과 동시에 매매가는 하락하는 것을 볼 수 있다.

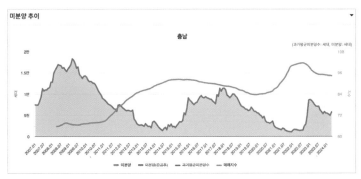

충남 미분양 추이

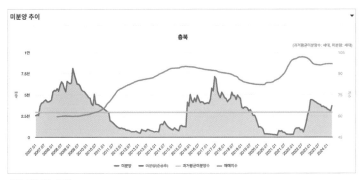

충북 미분양 추이

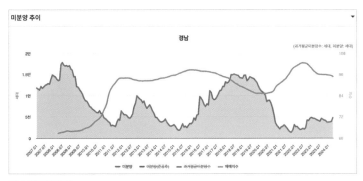

경남 미분양 추이

미분양이 줄어든다는 것은 위험 요소가 제거되고 신축 아파트에 대한 수요가 살아난다는 의미다. 투자자들이 지역의 상승을 확신하게 되면 미분양 매물에 가장 먼저 관심을 둔다. 입지가 좋은 단지부터 소진되기 시작하며 누적되어 있던 물량이 일시에 급감한다. 미분양이 극적으로 감소한다는 것은 매수 심리가 빠르게 회복되고 있다는 증거다.

미분양 확인은 각 부동산 프롭테크에서도 확인이 가능하며, 국토교통부 통계누리 사이트에서 공식적으로 제공한다. '국토교통부 통계누리>제공현황통계>주택>미분양주택현황보고>시·군·구별 미분양현황'을 확인하면 공사 완료 후 미분양 현황, 규모별

돈이 되는 부동산 임장 시크릿

미분양 현황을 확인 가능하다.

　또한 각 지자체 시청 홈페이지에 들어가서 '미분양'으로 검색을 해보면 주택정책과에서 올려주는 매월 미분양 현황을 확인 할 수 있다. 시공사와 분양 결과, 미분양 가구수, 실제 입주 예정일까지 표시되어 있는 경우도 있지만, 건설사 상황상 미공개되는 경우도 있다.

미분양 현황 통계 (출처: 대구시청)

》 둘째, 전세가가 오르기 시작하며
매매가에 근접하고 전세가율이 올라간다

　부동산 사이클은 기본적으로 해당 지역의 수요, 공급의 불균형에서 일어난다. 항상 집값보다 전세금이 먼저 오르는 현상이 일어난다. 그 이유는 실거주자의 심리가 항상 뒤늦게 움직이기 때문이다. 전세가 올라야 '이 돈이면 차라리 집을 사겠다'라는 마음의 동요가 일어난다. 투자자가 전세가의 움직임에 항상 촉각을 곤두세워야 하는 이유다.

부동산 시장의 전세 가격은 부동산 메커니즘에 큰 영향을 미친다. 전세가의 의미는 2가지로 설명할 수 있다. 첫째, 부동산 매가의 하방 지지선을 구축한다. 일반적인 집은 전세가 아래로 매가가 떨어질 가능성이 거의 없다. (떨어지는 사례는 가격이 뻥튀기된 '전세 사기' 매물이 많다. 흔히 신축 빌라 및 오피스텔에서 많이 일어난다. 상품의 규격 및 상태가 각기 달라서 가격 측정을 아파트처럼 하기 힘들다.) 둘째, 전세가의 상승이 집값을 떠밀어 올릴 가능성이 크다. 매매가 보다 전세가 향방이 더 중요한 이유가 바로 이것이다.

매가는 미래의 가치를 기대하고 상승할 수 있지만, 전세가는 현재의 실사용 가치를 내포한다. 잘 생각해 보라. 당신이 전세를 고를 때 가장 중요하게 고려하는 것이 무엇인가? 바로 '싸게' '좋은 집'을 임대로 빌릴 수 있는가이다. 그 집의 가격이 오르든 말든 전세 세입자는 신경 쓰지 않는다. 어차피 2년 혹은 4년 후에 되돌려 받을 돈이기 때문이다.

≫ 셋째, 주택 거래량이 늘어나고
특히 외지인의 거래량이 활성화된다

투자자들의 유입은 바닥을 쳤다는 신호로 받아들일 수 있다. 투자자들은 투자금이 적게 들며 리스크가 해소된 지역을 매번 들여다보고 있다. 이들의 매수가 진행되고 거래량이 일어날 기미가 있다면 상승의 초입일 가능성이 높다. 투자자의 거래량이 늘어난 뒤 실거주자의 거래량이 따라 오르는 경향이 매우 높기 때문이다. 거래량을 볼 때 중요하게 볼 것이 바로 투자자에 의한 거래인지, 실거주자의 수요에 의한 거래인지 알아보는 것이다.

확인하는 법은 한국 부동산원 사이트 접속 후 '부동산 거래 현

황>아파트거래현황>월별 매입자 거주지별'을 체크하는 것이다.

　매매가 이루어진 아파트는 매수자가 관할 시군구 내(지역 내 거주자) 혹은 관할 시도 외(외지인)로 구분할 수 있다. 특히 외지인일 경우 서울과 기타 지역으로 구분된다. 이때 특히 '서울' 지역의 매수세가 중요하다. 예를 들어 서울에 사는데 인천의 아파트를 매수했으면, 투자자의 거래량으로 보면 된다. 만약 부산에 살고 있는데 투자를 목적으로 대구의 아파트를 매수했다면, 관할 시도 외 기타로 잡히며 투자의 거래로 유추할 수 있는 것이다.

≫ 넷째, 매매가가 동반 반등한다

　오래 지속된 하락 혹은 보합은 다음 상승을 위한 에너지를 비

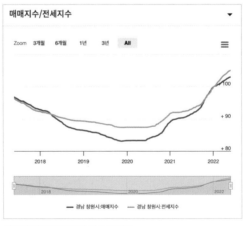

창원의 매매/전세 동반 상승 그래프

축하는 기간이다. 많이 떨어지면 많이 오를 준비가 된 것이다. 전세 가격 상승은 매매가를 반드시 밀어 올린다. 오랜 하락 끝에 매매가가 전세가를 딛고 위로 머리를 드는 시점이 있다. 이때가 상승을 위한 초입이다. 상승하는 모든 아파트는 전세가가 오르고 뒤를 이어 매매가가 동반 반등하는 시점이 있다. 창원을 살펴보면 2020년 기점으로 하락을 멈추고 전세가와 매가가 동반 상승한다.

》 다섯째, 청약 경쟁률이 올라간다

경쟁률은 마치 심리를 수치화한 것과 같다. 새 아파트에 대한 해당 지역 사람들의 수요를 나타내는 지표가 바로 경쟁률이다. 앞서 설명한 미분양이 줄어들고 향후 공급도 줄어들면 수요 심리가 조금씩 회복되기 시작한다. 입지 좋은 새 아파트부터 청약 경쟁률이 올라가게 되는 것이다. 청약 경쟁률이 높아진다는 것은 신축 아파트의 수요가 올라간다는 의미다. 만약 경쟁률이 높게 나와 사람들의 심리를 자극하면 기존의 분양했던 분양권 가격도 프리미엄이 더 붙는다. 그럼에도 새 아파트를 갖지 못하면 미래에 새 아파트가 될 재개발과 재건축의 시세도 그 관심이 옮겨붙는다.

특히 특별공급은 일생에 한 번만 당첨될 수 있으므로, 많은 고민 후 청약할 가능성이 높다. 특별공급 경쟁률이 높아진다는 것은 좋은 신호다. 반대로 청약 경쟁률이 점점 낮아진다는 것은 무엇을 의미하는 것일까? 올라갈 때와 반대 상황이다. 새 아파트의 수요가 떨어지고 심리가 악화되면, 청약한 아파트가 미분양이 될 수도 있다는 점을 잊지 말자.

6

저평가 부동산 찾는
비밀 프로세스

부동산의 움직임은 거대 항공모함 같다. 갑자기 급선회할 수 없고, 급브레이크를 밟을 수도 없다. 서서히 멈추고, 서서히 방향을 바꾼다. 그래서 그 방향성이 매우 중요하다. 방향성만 맞으면 결코 실패하지 않는 시장이 바로 부동산이다. 그래서 그 어떤 투자보다 리스크 부담이 작고 실패할 확률도 낮다.

사람은 투자자가 부동산 가격을 폭등시킨다고 오해하는데, 이는 결코 사실이 아니다. 투자자들이 가격을 조정할 수 있다면 부동산 가격 폭락이나 조정 자체가 있을 수 없다. 또한 투자자들끼리 담합해서 가격을 쉽게 조정할 만큼 대한민국의 시스템이 허술하지 않다. 세금 및 자금 출처 조사를 통해 모두 알 수 있다. 투자자는 결국 시장의 흐름에 있어 그저 하나의 요소일 뿐이다. 부동산은 필수재이기에 '실수요자'들이 가격을 움직이는 메인 요인이며, 투자자들은 그저 물이 들어오는 곳을 선점하여 미리 적은 금액으로 들어가 있는 것뿐이다. 투자자는 이를 위해 다양한 지역 비교와 종목 비교, 리스크 최소화를 위한 매물 비교에서 최소의 금액으로 최대의 수익률을 올리기 위해 매번 비교하는 작업을 진행한다.

투자에서는 주로 저평가라고 말하는데, 실제로 절대적인 저평가란 없다. 항상 '비교적 저평가'이다. 상승의 흐름을 타고 모두 오르는 타이밍에서 조금 늦게 움직이는 매물을 저평가라고 한다. 지역의 수급에 의해 적정 가치보다 가격이 낮은 지역이 있다. 이것이 저평가다. 저평가는 절대적인 산술 공식에 의해 평가되는 것이 아니므로 항상 비교의 관점으로 봐야 한다. 그래서 투자자들은 전국을 대상으로 가장 저평가된 단지만 찾는다. 단, 투자금이 적게 들어가고 많이 오르는 것이 중요하다. 게다가 리스크까지 작다면 매우 매력적인 투자처다. 더불어 현장에서 임장을 통해 가격 조율을 잘해 싸게 매수한다면? 혹은, 리모델링이나 인테리어 세팅을 통해 임대료(전세, 월세)를 높게 받아 낼 수 있다면? 바로, 이것이 부동산의 기본적 투자 방법이다. 부동산 저평가를 평가하기 위해 부동산이 가진 몇 가지 법칙을 이해해야 한다.

지역 시세의 법칙: 네가 오르면 나도 오른다

벚꽃 개화처럼 번져나가는 것이 지역 가격이다. 아파트는 한정된 지역이라는 범주 내에 있다. 콘크리트 덩어리인 아파트 자체 가격이 오르는 게 아니라 지역이 입지가 좋아지면서 아파트 가격도 함께 오르는 것이다. 아파트 시세를 공부하는 것보다 지역의 시세를 공부한다고 생각해야 하는 이유다. 예를 들어 강동구 고덕동에 A 아파트가 올랐는데 바로 옆 동네 명일동 B 아파트가 오르지 않을 이유가 있는가? 다른 단지 매수자들끼리 자신들의 물건을 비교하며 싸우는 건 시간 낭비일 뿐이다. 그 아파트 가격이 오른 것이 아니라, 지역 시세가 움직인 것이다. 이론에서 나아가 실제 현실에서 적용해 보자.

지역 시세의 법칙으로 저평가 찾기

"이 아파트는 다 좋은데, 층이 저층이라… 향이 동향이고… 상대적으로 초등학교와 거리가 있어서…" 같은 고민을 할 필요가 없다. 건강한 숲에는 모든 나무가 잘 자란다. 그게 동향이든, 1층이든, 단지 출입구가 멀든 함께 상승한다. 물론 1층이 로열층을 이긴다는 뜻은 아니다. 또한 매도를 대비해 되도록이면 다홍치마인 RR(로열층, 로열동)이 좋긴 하다. 여기서 포인트는 RR을 놓쳤다고 좌절하거나 고민할 시간에 저평가된 곳을 찾으라는 뜻이다. 오히려

1층이나 탑층의 저평가 유무를 따져봐야 한다. 1층도 탑층도 동일 아파트가 오를 땐 동일한 퍼센티지로 오른다. 1층이나 동향이라고 덜 오르지 않는다. 좋은 숲에서는 '모든 나무'들이 잘 자란다는 것을 잊지 말고 좋은 숲, 그러니까 좋은 지역을 찾는 데 더 집중해야 한다.

》 부동산 법칙 2
서열의 법칙: 1학년이 이유없이 6학년을 이길 수 없다

부동산에는 숨은 가치의 순서가 있다. 이유 없는 하극상은 없다. 꼴등이 1등을 이길 수 없고, 1학년이 이유 없이 6학년을 이길 수 없다. 이 말인즉슨, 한 지역의 대장이 올라야 다음 순번이 오를 수 있다는 말이다. 투자금이 부족해 선택하지 못한 대장 아파트만 오른다고 배 아파할 것이 아니다. 대장이 천장을 뚫어줘야 밑 순번들이 차례로 오를 수 있다. 온라인상에서 가끔 자기네 단지가 좋네 나쁘네 하며 싸우는 모습이 자주 보인다. 그런데 자신이 투자한 아파트보다 더 좋은 아파트가 치고 올라야 본인 아파트도 함께 오르니 싸울 필요가 없다.

만약 이유도 없이 꼴등이 1등보다 앞서 나가는 일이 있다고 치자. 예를 들어 지방 아파트가 강남 아파트 가격을 넘어서는 일 같은 것 말이다. 그건 1등이 저평가된 것이다. 그럴 일은 일어나지 않겠지만, 만약 그런 날이 온다면 강남은 다시 '폭등각'이 설 것이다. 기억하자. 대장이 천장(상부 가격 저항선)을 뚫어줘야 다음 순번이 뒤따라 갈 수 있다. 사람들은 종종 자신의 아파트가 얼마까지 오를지 궁금해한다. 이럴 땐 천장의 아파트가 어디까지 올라갔는지 확인하면 자기 아파트의 시세 상승을 대략 예상할 수 있다.

자연과학 법칙과 달리 경제나 부동산 같은 사회과학 법칙은 모든 상황에서 반드시 성립하지는 않는다. 예외가 있다. 사회과학 법칙이란 사람들이 살아가면서 생겨나는 현상 중에서 '주로 그렇게 되더라'라는 것을 정리한 것이다. 인간은 보통 이런 관성을 잘 따른다. 역사가 이를 증명한다. 우리는 뭔가 예상 밖의 상황이 일어나면 '왜 저런 현상이 일어나지?'하고 의문을 항상 가지고 예외 상황을 발견해야 한다. '그렇지 않은 현상'은 경제 법칙에 맞게 언젠가 정상화 되는 경향이 있기 때문이다.

서열의 법칙으로 저평가 찾기

1군 지역이 먼저 치고 올라가면 2군 지역이 따라 오르고, 3군 지역이 그 뒤를 따라 오른다. 강남이 오르면 마포, 용산, 성동이 오르고, 그 뒤를 이어 나머지 지역도 따라 오르는 형국이다. 1군 지역 아파트가 이미 다 올랐다면, 아직 덜 오른(상대적 저평가인) 2군 지역으로 눈을 돌려야 한다. 이때 머릿속에 지역의 가치 순서(서열화)가 이미 정해져 있었다면 금방 다음 순번을 찾을 수 있다. 1군 아파트 단지에 임장을 갔는데 이미 오를만큼 올랐다고 슬퍼하고 포기하지 말자. 빨리 미리 학습해둔 2군 지역으로 가서 저평가된 아파트를 선점하면 된다. 2군이 올랐다면 뒤를 이어 3군 아파트가 오를 가능성이 매우 크다. 이를 갭 매우기라고 부르고 키 맞추기라고 쓴다.

≫ 부동산 법칙 3
퍼센티지의 법칙: 돈 많은 사람이 더 많이 번다

쓸쓸한 이야기부터 하고 넘어가자. 자본주의 시장은 돈 많은 사람이 더 큰 돈을 번다. 즉, 투자금이 많을수록 더 큰돈을 번다. 너무 당연한 이야기라고? 그렇지만 왜 그런지 명쾌하게 설명할 수 있는 사람이 드물테니, 한번 짚고 넘어가자. 그 이유는 가격이 퍼센티지(비율)로 오르기 때문이다. "와 저 아파트 가격이 1억 원 뛰었대"라는 말에 초보자들은 1억 원이라는 가격에 집중한다. 무려 1억이라는 큰돈이 올랐으니까 말이다. 하지만 우리는 그 아파트의 이전 가격이 5억인지 10억인지 20억인지에 더 관심을 기울여야 한다. 5억이었다면 1억은 20%가 오른 것이지만, 10억에서 1억은 10%가 오른 것이다. 만약 아파트가 20억이었다면 고작 5%만 올랐을 뿐이다.

가격이 상승하거나 하락할 때 절대적인 가격이 아니라 동일 비율인 퍼센티지로 움직인다. 아래 예시와 같이 금액이 커지면 더욱 극명해진다.

> **케이스 A**: 5억 아파트 → 15%씩 4년 상승 = 60% → 8억 = 차익 3억
>
> **케이스 B**: 20억 아파트 → 15%씩 4년 상승 = 60% → 32억 = 차익 12억
>
> (단순 비교를 위해 단리 적용, 양도세 제외.)

4년 동안 동일 비율로 올랐지만, 차익은 무려 9억이나 차이가 난다. 이 말을 현실적으로 바꾸어 보면, 좋은 곳이 안 좋은 곳보다 더 많이 오른다. 서울 아파트와 지방 아파트 가격 차이가 갈수록 더 벌어지는 것도 같은 맥락이다. 비싼 아파트가 더 많이 오르기 때문에 시간이 흐를수록 격차는 더욱 커진다. 실제 예시로 한번 살펴보자.

퍼센티지의 법칙으로 저평가 찾기 #01

Q. 같은 지역 내에 환경이 비슷한 5억 원 아파트가 3천만 원 오르고 2억 원 아파트가 2천만 원 올랐다면 어떤 아파트가 저평가인가?

A. 10% 오른 2억 원 아파트보다, 6% 오른 5억 원 아파트를 사는 게 현명하다. 부동산 퍼센티지의 법칙대로 비율이 적게 올랐으니 말이다. 더 오를 가능성이 크다는 뜻이다.

퍼센티지의 법칙으로 저평가 찾기 #02

아파트 평형별 변화에도 동일하게 적용할 수 있다. 동일 아파트 단지 내에 2가지 평형을 비교해 보자.

Q. 어떤 평형이 더 저평가일까?

48평: 4억 8천만 원 → 2년 후→ 4억 8천만 원 + 3천만 원 상승

24평: 2억 4천만 원 → 2년 후→ 2억 4천만 원 + 2천 4백만 원 상승

A. 48평형이 저평가 되어 있으며 오를 가능성이 크다.

48평은 평당 62만 원(62×48p= 2,976) 올랐으며, 24평형은 평당 100만 원(100×24p= 2,400) 올랐다.

가격은 비율로 오른다. 48평이 가격 상으론 더 많이 올랐지만, 평당가는 60%밖에 오르지 못했다. 이 부분은 현장에서 매우 중요하다. 이미 흐름이 지나간 단지를 보고 아쉬워만 말고 다른 평형의 움직임(저평가)를 살펴 플랜B를 생각할 수 있기 때문이다. 사고 싶던 중형 평수가 이미 다 오르고 대형 평수는 덜 올랐다면? 대형을 사는 것이 훨씬 현명한 것이다. 대형은 덩치가 무거워 반응이 한 박자 늦게 움직이는 경향이 있다. 이 점이 중요하다.

가격이 아닌 비율로 비교하는 습관을 들여야 한다. 입지 대비 상승률이 낮은 아파트가 있으면 그게 저평가이다. 같은 아파트 단

지 내에도 평형 대비 상승률이 낮은 평형이 있으면 그것이 저평가
이다.

》 부동산 법칙 4
인구의 법칙: 달구어진 큰 솥은 오래 뜨겁다

부동산 수요의 절댓값은 '인구의 수'이다. 예상하는 대로 인구
수가 많으면 많을수록 더 많이 오르고 더 오래 오른다. 큰 솥의 열
이 더 오래 유지되는 것과 같은 이치다. 이 때문에 부동산 사이클
의 크기(길이, 지속 시간)는 인구의 수(수요의 힘)의 크기로 정해진다.
수도권은 서울과 더불어 경기도라는 2,500만 명이 넘는 큰 수요의
힘으로 인해 사이클이 굉장히 길다. 과거 서울은 7~8년을 상승하
고 미국 연준의 급격한 금리 상승이라는 강한 외부 충격으로 인해
빠른 하락세로 전환됐다.

반대로 인구가 적은 소도시들은(그 규모에 따라 각기 다르지만)
3~4년 혹은 2~3년으로 수도권에 비해 사이클이 작은 모습을 보
인다. 혹은 사이클이 거의 보이지 않는 도시도 있다. 그 이유가 바
로 수요의 크기에 있다. 결론은 부동산 투자는 인구가 많은 도시일
수록 더 안정적이고, 긴 안목으로 투자할 수 있다.

더불어 단순 공급이 많다고 걱정해선 안 된다. 100만 도시에서
매년 필요한 주택 수와 1,000만 도시에서 필요한 주택 수는 엄연

히 다르다. 더불어 인구수에 대비해 적정 미분양 수를 확인해야 한다. 같은 미분양 수라고 해도 인구 20만 도시는 아주 위험한 상황일 수도 있지만, 1,000만 도시는 미분양도 충분히 소화해 낼 상황일 수도 있는 것이다. 인구의 크기가 이만큼 중요하다. 인구가 적은 곳은 수요가 작기에 아무리 호재가 터지고 좋은 뉴스가 생겨도 시세 상승의 한계가 있다.

돈은 호재가 내는 게 아니라 사람이 지불하는 것이다. 매수자가 끊임없이 들어와야 하는데 실수요자가 너무 적다면 크게 오를 수 없다. 때문에 인구가 많은 곳은 꾸준히 상승하는 반면, 인구가 적은 곳은 금방 오르고 금방 식는 경향을 보인다. 인구의 법칙에서 배울 점은 인구가 많은 곳에 투자하는 것이 더 안전하고 상승도 높고 길다는 점이다. 개인적으로는 최소 30만 이상의 도시에만 투자하는 것이 효율적이고, 안전하다고 생각한다. 작은 규모의 도시는 사이클로 짧으므로 단기적으로 접근하거나 배트를 짧게 쥐어야 하므로 누구나 쉽게 접근하기는 어렵다고 생각한다.

지금까지 부동산 가격이 오르고, 지역을 선정하는 요체를 거의 모두 파악했다. 저평가된 부동산 구입 프로세스를 간략히 정리해 보자.

1. 부동산의 인구수가 큰 지역일수록 사이클이 크고 안전하다.

지역을 비교할 때 인구수에 비례해서 선정하도록 하자.

2. 지역의 흐름은 모두 다르므로 지역 그룹핑 중 가장 안전하고 투자 가치가 높은 지역을 선별해야 한다.

3. 부동산은 필수재이니 해당 지역의 수요와 공급을 확인하자.
   수요: 청약 경쟁률, 매수 심리 등.
   공급: 입주 물량, 미분양 등.

4. 오를 조건에 부합하는 지역이 있다면, 지역 안에서 저평가된 타이밍을 선정하자.

5. 자신의 가용 금액 내에서 가장 효과적인 장소, 매물을 선택하도록 하자.

6. 지역 분석과 지역의 서열화, 현장에서 가격 협상은 다음 챕터인 임장을 통해 확실히 배우도록 하자.

모든 투자처의 정답지는 수수께끼처럼 뒤 페이지에 그 해설이 적혀 있지 않다. 가장 오를 가능성이 많은 곳의 매물을 자신의 수준에 맞추어 찾아내는 과정일 뿐이다. 1%의 리스크도 없는 곳은 없다. 가장 가능성이 큰 곳에 베팅하는 것이다. 그래서 누군가 추천해 주는 매물에 투자하지 말고 투자처는 오롯이 자신이 선택해야 한다. 결국 선택의 몫은 본인에게 달렸으니 말이다.

3장

돈이 되는 부동산 임장 시크릿, 손품

1
부동산 입지 분석
누구보다 쉽게 하는 법

» 입지의 핵심
돈이 되는 입지 vs 돈이 되지 않는 입지

우리가 지역을 이해하는 목적은 결국 가치가 높은 것을 구별하기 위함이다. 지역의 역사나 생태적, 지리적 분석이 필요한 게 아니다. 결국 입지의 포인트는 돈이 되는 입지인지 아닌 입지인지를 구별하는 것에 달렸다. 돈이 되는 입지를 알아보는 핵심이 바로 수요에 있다(시간이 문제일 뿐, 수요만 충족되면 공급은 돈 냄새를 맡은 건설사에서 먼저 움직인다).

가정을 꾸리고 아이들을 키우는 메인 수요층을 중심으로 생각해야 한다. 왜냐면 아이들을 키우는 수요층이 가장 강력한 경제력을 가졌으며, 주거에 대한 니즈가 높기 때문이다. 라이프 사이클에 대입하면 '유자녀 3040 세대'의 주택 구입 비중이 가장 높다. 그 수요에 맞춰 공급은 알아서 따라간다. 시공사와 건설사는 이것을 알고 수요자들의 니즈와 트렌드에 맞추어 새로운 주거 상품을 개발하고 제공하는 것이다. 성공적인 투자를 위해서는 당연히 시장이 원하는 입지를 파악해야 한다.

저출산, 인구 감소에 대한 우려가 매스컴에 넘쳐난다. 부정할 수 없는 팩트다. 최근 한국의 합계 출산율은 홍콩과 함께 세계 최하위인 것을 국민 모두 잘 알고 있다. 한 사회의 인구가 감소하지 않으려면 2.1명 수준의 출산율을 유지해야 하지만, 2명은커녕 1명조차 힘든 상황이다. 한국이 저출산 국가가 된 가장 주요한 이유는 무엇일까? 역설적으로 과거에 비해 훨씬 잘살게 되었기 때문이다. 경제 규모가 세계 10위까지 상승했고, 1인당 국민소득이 3만 달러에 다다르는 동시에 출산에 따르는 '기회비용'이 함께 상승했다. 한국의 학력 수준별 미혼 인구 비중 변화를 살펴보면 잘 알 수 있는데, 학력 수준이 높을수록 미혼 비율이 높아지는 경향을 발견할 수 있다. 대학원 졸업자일수록 미혼 비율이 올라가는 통계청 자료가 이를 증명한다.

가까운 미래에는 인구가 급감하는 지방이나, 일자리가 없는 일부 지역은 소멸할 가능성이 크다. 역설적으로 수요가 몰리는 입지는 더욱 강화될 것이다. 미국 실리콘 밸리가 좋은 예이다. 미국 내 글로벌 대기업은 왜 집값이 비싼 실리콘 밸리를 벗어나지 않을까? 경제학자 엔리코 모레티가 그의 저서 《직업의 지리학》에서 말하길, 전통적 산업은 국외로 이전하기가 상대적으로 쉽지만, 혁신적인 기업들을 옮기기는 훨씬 어렵다고 말한다. 경제학자들은 이를 '뭉침의 힘force of agglomeration이라고 부르는데, 강력한 노동 시장, 전문적인 사업 인프라, 그리고 가장 중요한 '지식 전파'를 포함한다. 첨단기술 산업은 이용 가능한 숙련된 인력, 전문적인 공급업체 그리고 지식의 흐름을 지원할 만큼 충분히 대규모인 혁신 중심지에 자리 잡음으로써, 더 창의적이고 더 생산적으로 변모한다고 이야기한다. 이런 사례에서 볼 수 있듯이 인구가 줄어들어서 전체적으로 가격이 함께 빠지는 게 아니라, 오히려 사람들이 원하는 핵심지는 더욱 중심이 되고, 수요가 몰리면서 가치는 가격에 그대로 반영된다. 입지 공부를 철저히 해야 하는 이유다.

입지는 '아빠 입지'와 '엄마 입지'로 나뉜다. 어떤 부동산 전문가도 입지를 이렇게 쉽게 설명해 주지 않았다. 입지는 외부적인 환경보다 수요자의 입장에서 이해하는 게 훨씬 빠르다. 아빠 입지는 일자리와 일자리로 통하는 교통망이 핵심이다. 엄마 입지는 '학·상·자'로 기억하자. 이는 학군, 학원가, 학교 같은 교육에 대한 수요와 상권, 자연환경이라는 생활 인프라가 핵심이다. 아빠와 엄마가 선호하는 입지를 이렇게 이해하면 직관적이다. 아빠 입지와 엄마 입지를 이분법으로 나눌 필요는 없다. 이 둘을 모두 갖춘 곳이 가장 수요가 많고, 가격은 가장 높다.

입지는 사람의 수요를 반영한다. 입지가 변한다는 말은 사람의 '수요'가 이동한다고 이해하면 빠르다. 전문가들은 입지는 정해져 있다고 말하곤 하지만, 결국 입지 선택은 사람이 하는 것이다. 대부분은 사람의 수요로 결정된다. 물론 정부의 정책에 의해 입지가 바뀌는 사례도 있었다. 정부의 정책은 사람의 수요를 강제로 움직이는 것과 같다. 과거 강남 개발을 위해 유입 인구가 필요했는데, 먼저 '엄마 입지'를 변화시켰다. 유명 명문 학교를 강북에서 강남으로 이전시킨 것이 대표적인 사례다. 사람이 먼저 이동하고 이들을 위한 상권이 발달하고 일자리가 연쇄적으로 창출되는 것이다. 입지는 사람의 입장에서 봐야 확실히 이해할 수 있다.

아빠 입지는 가족의 생계를 책임질 일자리가 가장 중요하다. 앞서 설명한 부동산 특성인 지역성은 바로 일자리로 접근 가능한 거리에 따라 정해진다고 해도 과언이 아니다. 예나 지금이나 먹고사는 게 가장 중요하며, 매일 출퇴근해야 하는 아빠 입장에서는 일자리와 가까운 '직주근접'이 가장 중요한 요소다. 이와 더불어 일자리로 연결되는 교통망이 중요하다. '역세권 불패'란 말이 이것을 방증한다. 특히 주요 일자리로 연결되는 지하철 노선이 더욱 큰 역할을 한다.

엄마 입지는 가족의 생활과 아이들의 교육에 집중하는 경향이 있다. 아이들의 교육을 위해 학군을 선호하고, 학원가를 찾아다니며, 안전한 학교와 지역을 선택한다. 맹자라는 위대한 성인의 탄생을 위해 3번이나 이사한 맹모의 노력을 보면 예나 지금이나 교육이 얼마나 중요한지 알 수 있다. 게다가 가족의 삶의 질 향상을 위해 주변 상권과 자연환경까지 좋다면 금상첨화다.

다만 대한민국 절반의 인구가 살고 있는 수도권과 나머지 지방은 입지의 선호도가 조금 다른 경향을 보인다. 그에 따라 수도권과 지방을 구분하여 알아보자.

» 아빠 입지가 강세인 수도권과 대도시

서울과 경기도로 이루어지는 수도권은 아빠 입지가 조금 더 강세다. 일자리 근접이 가장 중요하다. 수도권의 경우 기본적으로 주요 업무지구의 기점을 3곳으로 본다. 여의도, 강남, 종로다. 이와 더불어 강서 마곡 지구, 잠실, 판교-분당 라인도 일자리가 풍부한 편이다. 하지만 GBD(강남), CBD(종로), YBD(여의도)로 불리는 중심 업무지구를 뛰어넘을 수 없다.

일자리가 있는 곳에는 돈이 모인다. 즉, 돈을 벌기 위한 공간이기 때문에 이곳에서 밥을 먹고, 소비하고 활동하게 된다. 돈이 돌고 돌면 상업이 발달하게 되고 성장과 발전이 빠르다. 상업이 발달한 나라들이 모두 강대국이 된 인류의 역사와 동일하다. 대한민국 수도 서울의 업무지구는 주거지역과 확실히 분리되어 업무시설에 특화된 지역의 모습을 보인다. 즉, 주요 일자리에 가까운 곳에 거주하던, 이와 연결되는 교통이란 요소가 가장 큰 가치(가격)를 띠게 되는 것이다. 수도권의 가장 강력한 3대 일자리는 다음과 같으며, 이곳과 가까이 있거나, 연결되는 교통이 가장 주요한 입지가 된다.

종로, CBDCentral Business District
:도심권역, 중심 업무지구

CBD는 가장 오래된 업무지구다. 역사적으로 조선 시대부터 서울의 중심은 종로였다. 그만큼 풍수지리상 최고라는 뜻이다. 1970년대 정부에서 강남 개발을 진행하기 전까지도 종로가 우리나라 최고 동네였다. 과거 대기업들은 모두 종로에 위치해 있었다. 사실 지금도 언론사들은 종로구에 몰려 있으며, 여전히 많은 대기업 사옥들이 청계천을 끼고 늘어서 있다. 반대로, 역사가 오래된 만큼 낡고 허름한 빌딩들도 많다.

강남, GBDGangnam Business District
: 강남권역 업무지구

어쩌면 추가 설명이 필요 없는 곳이 강남이다. 사실 강남은 정부의 계획된 업무지구다. 종로에 과밀이 심각해지자, 계획적으로 개발시킨 지역이다. 박정희 정부 때 강남 개발을 추진해서 논과 밭이었던 땅에 수많은 아파트를 세우고, 다양한 혜택을 주기 시작했다. 근데 일자리가 들어가기 전에 먼저 사람들을 이동시킬 강력한 미끼가 필요했다. 사람들을 이동시킬 가장 강력한 조건이 무엇일까? 바로 엄마 입지인 '학군'이다.

서울의 유서 깊은 학교들을 강남으로 이전하며 고교 평준화를 시키는 등 정부의 적극적인 지원으로 지금의 강남이 되었다. 게다가 소득수준이 높은 사람들이 강남권역에 살게 되고, 사교육에 쓰는 돈을 마다하지 않으며 학원가의 발전이 비약적으로 이루어졌다. 이와 더불어 학군을 따라온 주거민들이 거주 공간을 채우자 많은 기업과 상점들이 강남으로 몰리게 된 것이다.

이후 GBD는 거대한 업무지구가 되고, 테헤란로를 기점으로 많은 업무 공간이 생겨난다. 강남에 돈이 몰리게 되니 주거 공간도 성장하게 되고 상권을 비롯한 고급 백화점이 들어서게 된다. 규모의 경제에 따라 돈이 다시 몰리고 주거 공간이 성장하는 등 선순환으로 성장한 지역이 바로 강남이다.

여의도, YBD Yeouido Business District
: 여의도권역 업무지구

과거 일제강점기의 여의도는 비행장이었다. 해방 후 여의도 시민 아파트가 생기고, 1979년 명동에 있던 한국 거래 증권소가 여의도로 이전하면서 명동, 을지로에 흩어졌던 많은 증권 업체와 금융기관이 급속도로 모여들었다. 바로 한국의 월스트리트가 생겨난 것이다.

이런 과정으로 여의도가 한국의 금융과 증권 중심지로 거듭나게 됐다. 현재 여의도는 3/4가량이 상업지이고, 주거지는 1/4도 안 되기에, 희소성의 논리에 따라 여의도 내에 주거공간은 날이 갈수록 가격이 상승하고 있다.

수도권에서는 이들 주요 업무지역과 가까운 역세권일수록 높은 가격대를 보인다. 이 지역에 많이 정차하는 지하철역이 주요 노선이다. 특히 2, 3, 7, 9호선이 지나는 입지는 매우 막강한 수요를 가진다. 게다가 경기도임에도 불구하고 강남을 연결하는 신분당선을 연계하는 입지들은 높은 수요가 있다는 것을 확인할 수 있다. 또한 새로 생길 GTX와 신안산선, 월판선이 지나가는 위치도 더욱 가치가 올라갈 것이다.

그러나 아빠 입지만 중요하다는 뜻은 아니다. 여전히 학군과 학원가의 수요도 강하다. 대한민국 1등 학군지 강남의 대치동과 그에 버금가는 목동 학원가, 강북의 맹주 노원, 중계 학원가는 입지의 수요에서 떼어 놓을 수가 없다. 1기 신도시 분당의 수내-정자 학원가, 안양의 평촌 학원가, 일산 후곡 학원가도 항상 수요가 뒤따르는 곳이다.

돈이 되는 부동산 임장 시크릿

» 엄마 입지가 강세인 지방

수도권을 벗어나 지방으로 가보자. 지방은 확실히 엄마 입지가 강세를 보인다. 학·상·자로 불리는 엄마 입지 중, 학(학교, 학군, 학원가)의 힘이 매우 강하다. 대구 수성구 학원가, 울산 옥동, 천안 불당동, 대전 둔산동, 광주 봉선동 등 유명 학원가가 자리 잡은 입지의 힘이 매우 강하다. 학원가는 학원이 모여있다는 장점뿐만 아니라, 주변 유해 시설이 없는 것이 포인트이다.

지방이 일자리보다 학군이 강세인 이유는 도시의 크기가 수도권만큼 크지 않기 때문이다. 수도권은 대중교통이든, 차량이든 기본적으로 이동에 30분~1시간가량 소비된다. 대중교통만 따지면 2시간이 걸리기도 한다. 허나 지방은 일자리 접근성이 길어야 30분이다. 게다가 수도권만큼 양질의 일자리가 없는 것이 현실이다. 결국 직주근접이 수요의 엄청난 차이를 발생시키지 않는다. 그 대신 교육이라는 매우 강력한 가치가 희소성을 만드는 것이다.

21세기에 아직도 학군 타령을 한다고 할지도 모르겠지만, 시장에는 감정이 없다. 역으로 시장의 선택을 분석하는 것이 빠른 학습의 길이다. 흔히 학군지는 초등학교, 중학교까지 집중 투자해서 뛰어난 학생은 일반고보다는 자사고나 특목고, 외고, 국제고로 진학하게 하는 것이 대세다. 부동산에서 중학교 학군에 집중하는 이유가 바로 이것이며, 학군지의 컨셉이 대부분 이러하다.

학군지는 아이를 위하는 부분도 있지만, 사실 부모에게도 편리하다는 것을 부인할 수 없다. 학원가까지 차로 태워주는 행위인 '라이딩'을 피할 수 있으니 말이다. 게다가 부모가 아이에게 최선을 다해 서포트한다는 마음의 안식은 덤이다. 하지만 학군지의 가장 중요한 요체는 바로 그들만의 리그를 만들어주는 데 있다. 똑똑한 학생은 더 똑똑해지고, 비교적 부족한 학생도 덩달아 실력이 올라가는 환경을 조성하기 때문이다.

에드워드 글레이저 교수의 저서 《도시의 승리》에서 도시가 만들어내는 창조와 혁신을 이렇게 정리한다.

"지중해 전역에서 예술가와 학자들이 자유롭게 자신들의 생각을 공유할 수 있는 유일한 장소인 아테네로 몰려들면서 서양 철학과 함께 혁신적인 역사가 탄생했다. 아테네는 작은 사건들이 도시 내에서 상호작용을 통해서 증폭되면서 번영을 누리게 되었다. 결국 한 명의 유식한 사람이 다른 스마트한 사람을 만나서 새롭고 창의적인 생각을 할 수 있다. 이 아이디어는 또 다른 사람에게 영감을 줬고 갑자기 정말로 중요한 일이 벌어졌다."

결국 창조와 좋은 생각은 사람들의 아이디어 충돌에서 오는데, 그 근저에는 사람과 사람 간의 교류라는 '네트워킹'이 있다는 것이다. 똑똑한 친구들이 더 똑똑하게 되는 것이 바로 학군지의 힘이다. 친구 따라 강남 간다는 말이 그냥 있는 게 아니다. 강북지역에서 강남으로 거주지를 옮긴 초등학교 자녀를 둔 지인의 이야기를 들어보니, 주변에 PC방이 현저히 적고, 아이들이 게임 카드 대신 방과 후 축구 클래스와 과학 교실에 관한 이야기를 나누더란 말이 실감이 난다.

학원가를 찾으려면 먼저 프롭테크 부동산 앱 '호갱노노'를 이용해 학원가를 검색하면 된다. 블록과 색깔로 직관적으로 표현을 해 주니 매우 효율적이다. 개인적으로 선호하는 방법은 카카오맵을 이용해서 '학원', '수학학원', '영어학원'이라고 직접 쳐보는 것이다. 이 방법을 사용하면 더욱 디테일한 위치와 분포도를 얻을 수 있다.

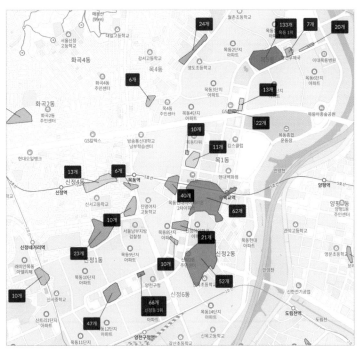

호갱노노에서 학원가 파악하기

카카오지도에서 영어학원 검색하기

소름 끼치는 것은 학원이 분포한 지역의 아파트 가격을 보면, 거의
지역 내 고가의 아파트인 것을 확인할 수 있다.

» 엄마가 좋아요? 아빠가 좋아요?

"아빠 입지가 좋냐? 엄마 입지가 좋냐?"라고 물으면 정답은 없
다. 엄마가 좋냐, 아빠가 좋냐라고 물으면 아이들이 대답을 주저하
는 이유와 같다. 결국 답은 엄마와 아빠 둘 다 좋다는 것이다. 다만,
어떤 가정은 아빠의 입김이 조금 더 강한 가족이 있고, 어떤 가정
은 엄마의 주장이 더 중요하다. 수요자의 선호도에 따라 중요도는

달라진다. 물론 아빠와 엄마가 함께 만난 입지는 무조건 우수한 입지다. 그 외 많은 요소가 영향을 끼치겠지만, 아빠 입지와 엄마 입지만 파악해도 빠르게 입지를 분석하는 데 도움이 된다. 이와 더불어 추가로 엄마 입지에 포함되는 상권과 자연환경에 대해 더 알아보자.

상권에 대한 수요는 늘 있다. 1인 세대부터 신혼부부 그리고 3~4인의 가족들까지 말이다. 특히 '슬세권(슬리퍼 상권)'이라고 불리는 백화점부터 쇼핑몰이 가깝게 있으면 그에 따르는 프리미엄이 반영된다. 상권에는 다양한 종류의 이용 시설이 있다.

먼저 아플 때 가깝게 방문 가능한 병원과 약국이 있다. 대형병원도 있으면 좋다. 그리고 대형 마트가 아니더라도 중, 소형 마트가 가까우면 선호된다. 또한 은행부터 아울렛, 영화관, 스타벅스, 맥도날드, 다이소 같은 편의시설은 무조건 선호된다. 대기업 프랜차이즈는 세대수가 적은 곳에 입점하지 않는다. 기본적인 수요가 있어야 입점이 가능하다는 말이다. 이 유효 수요가 있다는 것이 부동산에서 매우 중요하다. 결국 사람의 수요는 돈을 회전시키고, 해당 상권의 부동산은 권리금과 월세가 올라간다. 월세가 올라가면 당연히 부동산의 가격은 상승하고 그것은 높은 수요를 나타낸다. 대표적인 프랜차이즈, 파리바게트와 스타벅스는 수요가 몰리는 요지에 분명히 존재한다. 그곳들만 검색해 봐도 수요가 많은 곳을 파악할 수 있다.

집 근처 산책이나 운동, 여가를 즐길 수 있는 자연환경 또한 수요를 불러모은다. 서울은 한강공원, 서울숲, 올림픽공원, 북서울 꿈의 숲 등 대형 공원을 이용할 수 있는 곳은 높은 수요를 보장하는 좋은 입지다. 뿐만 아니라 작은 공원이나 등산로, 호수, 천 주변도 선호한다. 특히 요즘 같은 일과 여가 생활의 균형을 추구하는 수요자들의 요구에 따라 주변의 쾌적한 자연환경은 매우 강력한 집값 상승의 요소가 된다.

» '프리미엄'은 돈 주고도 못 이긴다

아빠 입지와 엄마 입지를 단숨에 이겨버리는 조건들이 있다. 흔히 이런 희소성을 '프리미엄'이라고 부르는데, 부동산에도 매우 강력한 프리미엄이 존재한다. 희소성은 갖고 싶어도 갖지 못하는 가치로 가격으로 정확히 측정하기 어렵다는 특징이 있다. 집에서 내려다보이는 뷰, 특별한 자연환경, 조식 서비스나 커뮤니티 시설, 그리고 그들만의 리그로 인식할 수 있는 우월감을 주는 브랜드나, 입지가 그러하다.

먼저 한강이 내려다보이거나, 호수공원이 내려다보이면 다른 아파트들과 구별되는 확실한 가격적 프리미엄을 갖는다. 예를 들어 광교의 '중흥S클래스'는 광교 호수 조망권의 유무 차이로 과거 가격이 1억~3억까지 차이가 났다. 지방도 다르지 않다. 경남 김해

시 '연지 공원 푸르지오' 같은 경우도 연지 호수 공원이 보이는 단지와 안 보이는 단지는 가격이 기본적으로 1억 정도가 차이 난다.

　서울에 있는 올림픽공원과 북서울 꿈의 숲, 그리고 서울숲 같은 특별한 자연환경과 가깝게 있는 단지들도 희소성을 가진다. 요즘엔 하이엔드 브랜드들이 대거 탄생하면서 호텔 같은 조식 서비스부터 수영장의 유무, 대형 커뮤니티, 옥상 인피니티 풀까지 아파트의 희소성을 돋보이게 한다. 이는 모두 거주에서 오는 우월감을 느끼게 한다. 이제 프리미엄은 입지를 강화하는 데 큰 역할을 하고 있다.

건설사	주거 브랜드	하이엔드 브랜드
현대건설	힐스테이트	THE H(디에이치)
D&L	이편한세상	아크로
대우건설	푸르지오	써밋
롯데	캐슬	르엘
포스코 컨설	더샵	오티에르
SK 에코플랜트	SK뷰	드파인
동부건설	센트레빌	아스테리움

2

한눈에 도시를 파악하는 노하우

부동산 투자의 고수들은 도시를 단기간에 파악할 수 있다. 시간을 많이 들이지 않고 한눈에 입지를 분석하는 노하우가 있기 때문이다. 입지 분석을 효율적으로 하기 위해서는 도시 생성 과정을 이해해야 한다. 도시는 항상 태어난 뒤에 확장과 팽창을 거치기 때문이다. 도시 대부분은 과거의 중심이었던 구도심이 있고, 새로 생겨난 신도심이 있다. 이 두 도심의 경쟁에서 누가 이길지 파악하는 것이 우선이다. 시각적으로 입지를 분석하는 법을 알아보도록 하자.

» 지적편집도 활용하기

먼저 지적편집도를 펼쳐 눈으로 확인하는 방법이다. 네이버 지도, 카카오맵 등 어떤 지도든 가능하다. 네이버, 카카오 지도를 펼쳐 옵션 토글을 클릭하면 지적편집도를 볼 수 있다. 지적편집도는 이미 땅이 태어날 때부터 종자가 결정되었다는 것을 시각적으로 보여준다. 사람도 태어날 때부터 부모의 재력에 따라 수저의 색깔이 정해지듯이 땅도 마찬가지다. '국토의 계획 및 이용에 관한 법률'에 따라 용도지역은 우리나라 국토 전체 토지에 중복되지 않게 하나씩 지정한다. 즉, 어느 땅이든 무조건 하나씩은 정해져 있다. 국토의 균형 발전과 계획적인 개발을 위해 국가에서 땅의 용도 가치를 총 21가지 용도지역으로 분류해 정해 놓았다. 하지만 다 알 필요는 없다. 우리는 도시 계획자나 개발자가 될 것이 아니기 때문이다. 간단히 다음에서 설명하는 도시지역 부분만 파악해도 충분하다. 지적편집도를 열어보면 크게 색깔로 구분된다. 가장 눈에 띄는 부분 색깔은 바로 붉은색과 노란색, 보라색, 녹색 정도의 큰 범주로 나뉜다.

붉은색은 상업지역을 나타내며, 흔히 우리가 번화가로 알고 있는 곳이다. 과거에는 시내라고 불렸던 유명한 곳은 모두 이곳처럼 붉은색으로 나타낸다(중심상업지역, 일반상업지역, 근린상업지역, 유통상업지 역으로 소분류 된다). 분명 상업지역인데 우리가 흔히 알고 있는 주상복합 아파트들이 이곳에 모두 지어진다. 또한 아파텔(아파트 같은 오피스텔)이라고 불리는 신형 주거 형태도 바로 이 붉은 상업지역에 지어진다. 주복과 아파텔은 주로 30~49층 높이의 고층인 경우가 많은데 그만큼 높게 밀도를 높여 지을 수 있는 땅이 바로 상업지역의 땅이다.

과거 주복인 경우 상가 위에 아파트가 올라가 있는, 흡사 레고를 쌓아 올린 형태 같았는데 요즘은 아파트인지 주복인지 겉으로는 분간하기 어려울 정도로 개선되어 슬세권을 선호하는 젊은 부부들이 많이 찾는다. 광교 신도시 광교아이파크나 전남 광주광역시 힐스테이트리버파크를 얼핏 보면 일반 아파트인지 주상복합인지 분간하기 어려울 정도로 건설사가 신경 써 설계하고 건축했다. 광명역 주변을 둘러싸고 있는 U플래닛광명역 데시앙, 광명역써밋플레이스, 광명역푸르지오, 광명역센트럴자이, 광명역파크자이도 모두 주상복합이다. 겉만 보고 임장을 가면 분명 단순 아파트로 파악하기 쉽다. 하지만 지적편집도를 펼쳐보면 비싼 땅의 종자인 붉은 색을 발견할 수 있을 것이다. 이것을 알고 부동산 임장을 가는 것과 아닌 것은 천지 차이다.

그리고 가장 중요한 노란색이다. 노란색이 바로 우리가 가장 친숙한 주거지역을 의미한다. 이 주거지역도 도시의 효율성과, 균형 있는 개발을 위해 제1종 전용주거지역, 제2종 전용주거지역, 제1종 일반주거지역, 제2종 일반주거지역, 제3종 일반주거지역으로 소분류 되고, 준주거지역도 존재한다. 숫자가 클수록 좋다. 더 높고, 더 고효율로 지을 수 있기 때문이다. 흔히 제3종 일반주거지역에 저 층으로 지은 과거의 아파트 같은 경우 사업성이 좋아서 재건축이 빠르게 되는 이유가 바로 이것이다. 흔히 건물을 신축하는 디벨로 퍼들은 이런 땅을 고효율로 개발 후 분양하여 차익을 남긴다. 이와 같이 땅도 가치가 모두 다르다.

보라색은 공업지역이다(전용공업지역, 일반공업지역, 준공업지역으로 소분류 된다). 실제 공업지역을 가보면 제조업에 접합한 공장들부터, 아파트형 공장으로 불리는 지식산업센터, 각종 다양한 공업을 위 한 오피스 시설도 존재한다. 과거 도시가 크지 않을 때 도시 주변 이나 외곽에 지정하여 제조업과 필요한 공장으로 이용했는데, 도 시가 확장하고 커짐에 따라 도심 사이에 버젓이 남아 있게 된 것이 다. 서울지역으로 한정하면 영등포, 성수, 강서구, 구로권역(국가 산 단)이 그러하다. 최신 트렌드는 과거 단층이었던 공장들은 사라지 고, 지식산업센터 같은 오피스 빌딩처럼 생긴 아파트형 공장들이 고효율로 지어지고 있다.

녹색은 직관적으로 녹지지역이라는 것을 알 수 있다. 크게 보전 녹지지역, 생산녹지지역, 자연녹지지역으로 소분류되지만. 우리는 그냥 푸르른 녹지만 생각해도 충분하다.

이제 본격적으로 도시를 이해해야 하는데, 지방 소도시부터 시작해서 수도권에 있는 도시를 파악해 보면서 단계별로 공간과 입지 이해도를 높여 보자.

» 지방 소도시 파악법

소도시는 30만 이하의 도시를 의미한다. 도시의 크기가 크지 않고 도시를 하나의 원 모양으로 보면 이해가 빠르다. 예를 들어 인구 21만 도시 강원도 '강릉시'로 가보자. 작은 도시라고 생각할지 모르지만, 강릉은 신사임당과 율곡 이이 선생의 고향이기도 하고, 유천동에 위치한 유승한내들더퍼스트 단지 33평 가격이 과거 7억 원까지도 간 저력이 있는 곳이기도 하다. 무엇보다 지역을 파악하고 공부하기에 매우 좋은 케이스다. 사람들은 소도시를 무시하는 경우가 있는데, 소도시에도 전문직인 의사, 변호사, 세무사가 살고 고위 공무원도 산다. 거액의 매출을 이끄는 지역의 대표 중소기업 임원들의 수요도 있다는 것을 잊으면 안 된다. 어느 도시든 부자는 있고, 사람들은 각자의 삶을 살아간다.

도시를 가장 빨리 파악하는 방법은 도시 지적편집도를 켜서 색을 구분하는 일이다. 앞서 설명한대로 붉은색과 노란색, 보라색, 녹색으로 크게 구분이 될 것이다.

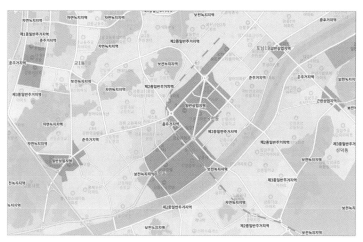

강릉시 지적편집도 (출처: 카카오지도)

늘 빨간색 상업지구부터 먼저 파악하자. 도시의 확장과 흐름을 이해할 수 있다. 가장 큰 빨간색 상업지구를 확대해 보면, 과거 구도심이었다는 것을 파악할 수 있다. 강릉역을 중심으로 모텔, 여관, PC방, 오피스텔, 병원 등이 존재하고, 상업지역 내 도로는 정돈이 덜 되어 반듯하게 정리 되지 않은 과거의 상업중심지로 파악할 수 있다. 로드뷰로 확인해 보면 과거에 유행했던 상업지의 모습을 가지고 있지만, 노후화를 피해갈 수는 없다.

그다음으로 큰 붉은색을 찾아보면 강릉시 교동에 위치한 네모 반듯한 일반상업지역을 확인할 수 있다. 로드뷰를 보면 오피스 빌딩 같이 생긴 깔끔한 상업지구 내에 다양한 상권이 조성된 것이 보인다. 이렇게 반듯한 상업지구는 택지개발지구라는 계획하에 만들어진 곳일 가능성이 많다. 도시는 과거 시내의 노후화에 의해 교동

택지 지구 쪽으로 이동했으리라고 파악할 수 있다. 이렇게 지적도만 보고서도 도시가 어떻게 구성되었고 변화하고 있는지 유추가 가능하다.

두 번째는 사람들이 사는 택지지구를 찾는 것이다. 흔히 계획하에 만들어지는 택지지구는 구도심과 떨어진 외곽에 지어질 가능성이 많다. 왜냐하면 싼 값에 토지를 매입해서 개발해야 사업성이 나오고 현재 도심을 개발하기에는 많은 이해관계가 엇갈리기 때문이다. 원래 있던 사람들에게 동의를 받아 이주시킨 후 건물을 부수고 다시 짓는 시간과 투입 비용보다, 비어있는 땅을 매입 후 개발하는 게 훨씬 싸게 먹힌다는 말이다. 택지지구는 도로가 정돈되어 촘촘

유천 택지 개발 지구 (출처: 카카오지도)

돈이 되는 부동산 임장 시크릿

하고 반듯하게 개발된다. 그리고 주거의 종류는 거의 아파트인 경우가 많고, 반듯하게 배열을 지키면서 개발된 경향이 많다. 사람들은 당연히 택지개발지구를 선호한다. 또한 이 택지지구도 노후화되면 새로운 택지가 탄생하게 되는데 강릉 같은 경우에는 '유천지구'가 그러하다. 공원과 상권이 적절히 조화를 이루고, 아파트의 동 간 배치도에서 최신 아파트라는 것을 확인할 수 있고 추가로 이곳이 가장 사람들의 수요가 많을 것으로 파악할 수 있는 것이다.

세 번째, 학·상·자의 '학'을 확인해 보자. 주거지와 항상 궤를 같이 하는 수요가 있다. 아이들에게 필요한 것은 바로 '교육'이다. 특히 사교육의 키워드인 '학원'은 수요를 항상 따라다닌다. 사교육

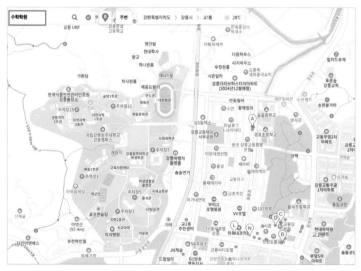

카카오지도에서 수학학원 검색하기

인 학원에 돈을 쓸 수 있는 수요가 거주지 주변에 있다는 말이다. 특히 지도에 수학학원, 영어학원이라고 쳐보자. 아파트 주거 단지 주변으로 모인 것을 파악할 수 있으며 앞서 유추한 교동택지지구와 유천지구에 집중적으로 위치한 걸 시각적으로 확인할 수 있을 것이다.

지방은 학군의 형성이 쉽지 않지만, 방과 후에 아이들을 보낼 학원가는 지방 주거 환경에 큰 영향을 준다. 학원가에 돈을 더 많이 쓸 수 있는 지역은 입지의 가격에 영향을 많이 주기 때문이다. 호갱노노부터, 리치고, 아실 등 모든 프롭테크 사이트에서 학원가 정보를 제공하는 이유가 이것이다. 학원가를 파악할 수 있는 탭을 클릭하면 학원가의 분포를 한눈에 볼 수도 있다.

호갱노노에서 학원가 파악하기

돈이 되는 부동산 임장 시크릿

네 번째, 상권의 거점들을 파악하는 것이다. 메가박스, 롯데시네마, CGV 같은 영화관을 검색해 보면 상업지구의 중심을 파악할 수 있다. 이와 비슷한 역할을 하는 랜드마크로는 홈플러스, 이마트, 롯데마트 같은 대형마트와 백화점이다. 이런 곳들이 상권의 중심이라는 것을 쉽게 파악할 수 있다. 이 주변으로 먹거리와 쇼핑가가 형성되어 있을 확률이 매우 높다.

이와 더불어 유동 인구의 주요 동선을 파악할 수 있는 대표적인 브랜드는 '파리바게트', '스타벅스'다. 과거에는 맥도날드가 주요 거점이었지만 요즘은 '맘스터치' 같은 햄버거 가게와 '메가커피' 등의 브랜드들이 그 역할을 대신하고 있다. 이 가게들을 검색해 보면 매우 유사한 지역에 중복적으로 위치해 있음을 알 수 있다. 우리가 열심히 상권을 파악할 필요가 없다. 이미 프랜차이즈 상권 분석팀이 파악해 놓은 상권을 이미 손에 쥐었다. 유동 인구가 있는 곳에는 반드시 상권이 생성된다. 사람의 수요는 바로 돈이기 때문이다.

다섯 번째, 관공서를 확인하자. 시청과 법원, 세무서의 위치를 파악하는 것이다. 특히 시청 같은 관공서 기관은 많은 사람들이 편리하게 이용하기 위해 도시의 핵심지에 위치할 경향이 크다. 물론, 노후화에 따라 관공서들이 도시 외곽이나 다른 곳으로 이전하기도 하는 일이 발생한다. 다만, 이런 관공서 근처에는 항상 주변 필요한 사무실이나 상권도 함께 번성하는 경우가 있으므로 도시를 이해하는 데 큰 도움이 된다.

여섯 번째, 가격을 확인해 보자. 아파트 평당가를 가장 빨리 확인할 수 있는 사이트는 호갱노노다. 분위지도를 펼쳐보면 보라색, 빨간색의 위치가 강릉의 북서쪽 교동택지지구와 유천지구 중심으로 몰려 있는 것을 한 번에 확인할 수 있다.

물론 가격부터 확인할 수 있지만, 앞서 도시 구조를 이해하지 않고 확인한다면 하나도 기억에 남지 않는다. 원래 인간은 숫자나 이름을 정확히 외우기 힘들다. 하지만 지도를 보고 구조가 머릿속에 스토리텔링 되고 난 후 가격을 함께 동기화하면 훨씬 기억에 오래 남는다. 또한 자신이 만든 이 구조를 가지고 부동산 현장으로 나가 임장을 하고 몸으로 체득하고 오면 죽을 때까지 잊지 않게 된다.

≫ 수도권 도시 파악법

대한민국 인구의 1/2이 수도권이라 불리는 서울과 경기도에 산다. 이유는 무엇일까? 바로 양질의 일자리 때문이다. 수도권에서 일자리를 대변하는 아빠 입지는 '무조건' 승리한다. 대부분의 아빠는 좋은 직장을 위해 서울로 이사 온다. '말은 제주도로 보내고, 사람은 서울로 보내라'라는 말이 그냥 있는 것이 아니다. 수도권은 일자리가 매우 중요하다. 지적편집도만 보더라도 붉은색 상업지가 어디에 위치했는지 파악할 수 있다. 수도권 3대 업무지구가 왜 붉은색으로 되어 있는지 설명이 필요 없을 정도로 명확하게 드러난다. 이 붉은 상업지역과 가까운 곳의 쾌적한 주거 단지가 선호된다.

허나 대한민국 1/2의 인구가 모두 서울에 살 수는 없다. 땅의 특성상 한계가 있기 때문이다. 결국, 앞서 말한 양질의 일자리가 있는 곳을 통과하는 교통 연계가 중요하다. 수도권에서는 지하철이 그 역할을 하는데, 특히 2호선은 주요 업무지구를 대부분 관통하거나 가깝게 지나기 때문에 많은 수요가 몰린다. 그리고 이 노선과 연결되는 노선이 인기가 많다. 특히, 강남을 통과하는 신분당선, 9호선, 7호선 라인은 항상 사람들이 선호하는 지역임이 틀림없다. 또한 핵심지로 이동하는 GTX 노선 호재가 발표될 때마다 사람들이 환호하는 이유가 바로 이것이다.

수도권을 둘러싸고 있는 경기도에는 30개가 넘는 크고 작은 시, 군이 있다. 유기적으로 연계되기 때문에 거시적으로 파악 후에는 반드시 도시별로 또 나누어 분석을 해보아야 한다. 수도권의 1기 신도시의 대표 도시를 통해 파악해 보도록 하자.

'평촌'으로 불리는 경기도 안양시다. 수도권의 도시를 파악할 때는 항상 동서남북에 인접한 도시들을 먼저 확인해야 한다. 북동쪽으로는 과천이 위치하고, 북서쪽은 서울 금천구와 광명시, 남동

쪽으로는 의왕시, 남서쪽으로는 군포시가 있다. 특히 안양의 중심인 동안구에서 지리상 매우 밀접하게 붙어 있는 과천과 의왕, 군포와 생활권을 공유하며 유기적으로 관계된다고 사전에 이해할 수 있다. 또한 강남으로 이어지는 관문에 과천이 위치해 있는 것으로 상급지로 파악할 수 있으며, 상대적으로 남쪽에 위치한 군포시는 안양보다 수요가 낮을 것으로 이해할 수 있다.

먼저, 평촌 신도시의 아빠 입지를 알아보면, 주요 업무지구로 연계되는 지하철은 1호선과 4호선이다. 이 역을 중심으로 상권이 발달하고 주요 유동 인구들이 움직이게 된다. 1호선보다는 강남 방향으로 연결되는 4호선이 더 강력한 수요가 있을 것으로 예상할 수 있다. 4호선은 강남에서 2호선 사당역, 7호선 이수역, 9호선 동작역 및 서울역까지 연결되는 핵심 노선이기 때문이다. 또한 이 지

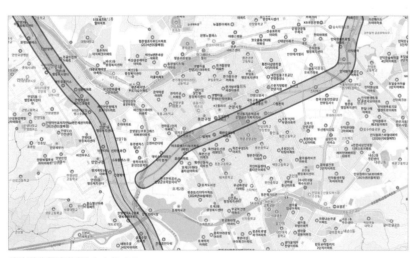

아빠 입지 확인하기 (출처: 카카오지도)

하철 역세권을 중심으로 상업지역이 펼쳐질 것을 예상해야 한다.

지적편집도에서 붉은 상업 지역는 크게 두 부분으로 파악된다. 안양시는 2개의 구로 나뉘는데, 좌측 만안구에 위치한 안양역 부근과 동안구 범계역과 평촌역 라인이다. 만안구에서 노란색 주거 지역을 살펴보면 아파트보다는 저층 주거단지가 많고, 신축 아파트는 만안구 외곽에 분포한다. 이에 비해 우측에 위치한 동안구에는 반듯한 도로와 아파트가 정사각형 형태로 규칙적으로 배열되어 있어, 계획적인 주거 단지가 갖추어져 있음을 알 수 있다. 이는 만안구가 과거 구도심으로 번창했지만, 도시가 확장됨에 따라 동안구에 평촌 신도시가 세워졌다는 것으로 유추가 가능하다. 이렇게 지도만으로 도시의 변화를 예상할 수 있다. 또한 동안구의 역세권

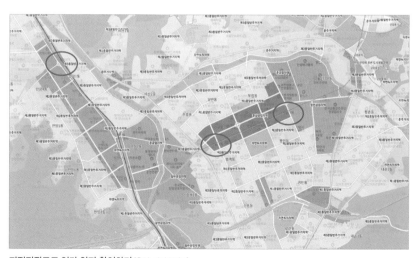

지적편집도로 엄마 입지 확인하기 (출처: 카카오지도)

에 펼쳐진 상업지구 중심으로 가까운 주거지일수록 선호도가 높을 것이 예상된다.

더불어 엄마 입지를 살펴보자. 1기 신도시 평촌에는 특이점이 있는데, '평촌학원가'라는 강력한 프리미엄의 존재다. 대한민국에서 가장 밀집도가 높은 학원가를 보유하고 있다. 이 부분은 호갱노노 기능 중 '학원가' 혹은 카카오 지도에서 검색어 '학원'만 쳐도 시각적으로 확인이 가능하다. 참고로 평촌 학군의 중심에 있는 '귀인중학교'를 보낼 수 있는 아파트 단지들은 매우 강력한 수요를 가진다. 그래서 평촌 신도시 내에서도 범계-평촌역 북측보다 남측인 '평남'구역의 선호도가 월등히 높다. 특히 중학교 프리미엄이 있는데, 귀인중을 보낼 수 있는 대표급인 꿈마을 단지는 평촌신도시에서 가장 비싼 가격을 나타낸다.

더불어 평촌에서 평촌 중앙공원(자연환경)을 이용할 수 있는 향촌마을, 초원마을은 평촌의 입지 센터로써 높은 수요가 있다. 더불어 중심 상권인 롯데백화점, 뉴코아 아울렛이 있으며 경기도에서도 유동 인구가 많기로 손꼽는 범계역 상권과 맞붙은 목련마을도 시세를 리딩하는 단지에 속한다. 앞서 소도시에서 파악한 것과 동일하게 상권의 거점, 관공서의 위치들도 파악해 보면 1기 신도시답게 동안구 중심에 잘 배치된 것을 확인할 수 있다.

마지막으로 확인할 것은 가격이다. 가격을 확인하면 왜 이곳이 비싼지 공간 구조와 도시 이해와 함께 깊게 파악할 수 있다. 다시

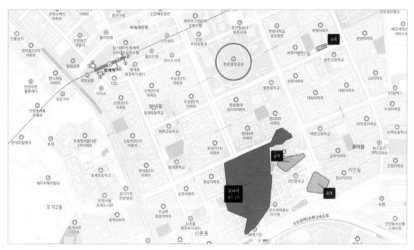

엄마 입지 확인하기 (출처: 호갱노노)

강조하지만, 도시 이해보다 가격부터 보는 습관은 버리길 바란다. 이해하지 않고 가격부터 외우면 머릿속에 입지가 들어오지 않기 때문이다. 아무리 시세를 다 넣고 싶어도 우리의 머리에는 한계가 있다. 입지를 넣어 놓으면 오히려 더욱 오래 기억되고 강화된다.

3

가격만 보면
수요의 크기가 술술 읽힌다

≫ 부동산 가격 표시는 왜 3가지나 있을까?

수요의 크기는 가격으로 수치화 된다. 거래 가격이 높다는 것은 수요가 많다는 뜻이다. 마트에 장을 보러 가면 가격은 딱 1개이다. 그런데 부동산에는 가격이 3가지나 있다. 바로 호가와 실거래가 그리고 KB시세이다. 먼저 가격을 파악할 때 우리는 현재 가격 호가를 파악하는 경우가 많다. 이것은 빵의 단면을 잘라 한 면만 본 것에 불과하다. 물론 현재 호가는 시장에 나온 매물로서 매도자가 받고 싶어 하는 금액으로 중요한 의미를 내포하지만, 거래가 성사

되어야 등록되는 실거래가액을 항상 함께 파악해야 한다.

먼저 '호가'부터 알아보자. 호가는 말 그대로 매도자가 팔기를 원하는 가격. 즉, 부르는 가격이다. 네이버 부동산에는 이 호가들이 나온다. 호가는 천차만별이다. 팔 마음도 없이 그냥 올려놓은 매물은 가격이 하늘을 찌르기도 한다. 사실 매도의사가 없다는 뜻이다. 해당 매물별 급한 사유가 있는 매물은 급매라는 이름을 달고 최소 5%에서 10%, 심하게는 20% 낮은 금액으로 시장에 나오기도 한다. 전세를 낀 '세안고' 매물도 상대적으로 싸게 나온다. 왜냐면 실입주가 당장 매수할 수 없는 상태의 매물로, 투자자들이 받아 주어야 하기 때문에 다른 매물보다 싸게 나와야 거래가 가능하다. 호가는 말 그대로 '그냥 부른 가격'이기에 거래가 될 때까지 진짜 거래로 보기 어렵다. 심리를 파악하는 용으로 이해하면 된다.

상승기에는 이 호가가 상방 최고점에 붙어 있는 모습을 보이고, 하락기에는 급매와 그냥 일반 매물이 뒤섞여 가격 차이가 큰 상황을 만들어내기도 한다. 실제 현장에 수없이 돌아다녀 본 결과 네이버 부동산에 나와 있는 가격은 허수가 꽤나 많았다. 그냥 올려 놓은 일명 '호가 매물'도 태반이기 때문이다. 현장 부동산 소장님이 되려 묻는다. "솔직히 이 가격이면 사시겠어요? 안 팔겠다는 소리죠." 호가는 말 그대로 매도자들이 그냥 던져 놓은 매물들의 가격들이다. 게다가 거래가 생기지 않으면 이 호가는 자연스레 내려가기 마련이고, 사는 사람들이 마구 붙으면 집주인이 슬그머니 천만 원씩 올리기도 하는 것이다.

다음은 실거래가이다. 실거래가는 실제 거래 체결 후 1개월 이내에 신고해야 하고, 국토교통부 실거래가 공개 시스템에 공개된다. 신고 기간이 2개월에서 1개월로 줄어 거래에 투명도가 올라간 것도 사실이나, 가계약부터 계약까지 걸리는 시간 및 계약서 작성 이후 실거래 등록을 하는 소장님의 의중에 따라 실거래 등록일은 시간적 차이가 난다. 또한 실거래 등록 시 아파트 이름이 영문명으로 기재되거나 한글로 기재되는 등의 차이로 인해 (롯데 vs lotte) 즉시 실거래가 확인이 힘든 경우도 있다. 하지만 실거래가 체결 금액은 과거 거래의 증거이므로 다음 거래의 기준이 된다.

다음은 KB시세다. 은행에서 부동산의 시세를 측정하여 시세를 만든다. 왜 은행에서 건물의 시세를 파악한단 말인가? 그렇다. 부동산은 현금을 교환해 놓을 수 있는 거대한 재화이자 자본이다. 그런데 부동산은 상당 부문 레버리지, 즉 대출을 이용하여 매입한다. 투자자는 수익률을 극대화하기 위해 주택을 담보로 레버리지를 일으킨다(갭투자는 주택을 임대 해주는 대가로 받는 전세금이 바로 레버리지에 해당한다). 실거주자라고 하더라도 큰돈을 한 번에 융통할 수 있는 사람은 거의 없다. 결국 주택담보대출을 통해 대부분 주택을 매입한다. 부동산은 대출의 활용도가 매우 중요하고, 떼려야 뗄 수 없는 관계다. 그렇기에 주택을 담보로 대출을 진행할 때 부동산의 가치를 측정하여 제공하는 것이다. 은행은 절대 손해 보는 장사를 하지 않는다. 그래서 KB시세는 호가보다 보수적인 성향이 강하다. 투자자들은 이런 부분을 이용해서 부동산 상승기 때는 중층 이상 매물에 대한 시세를 담보로 잡고, 싼 저층 부동산 매물을 매입하여 투자금을 최소한으로 줄이기도 한다(은행마다 차이는 있다).

부동산 매입 시 이 3가지 가격을 모두 종합하여 매수를 검토하지만, 결국 매수 시 지불해야 하는 금액은 바로 '호가'이다. 하지만 앞서 설명한 대로 실거래가 등록과 호가의 실체는 제대로 파악하지 않으면 거래에서 손해를 본다. 아무것도 모르면 가격 왜곡에 당한다는 의미이다. 만약 당신이 매도자라면 시장의 분위기가 반등한 것도 모른 채 공격적인 매수 의사에 흔들려 헐값에 팔 수도 있고, 당신이 매수자라면 비싼 값으로 덤터기 맞으며 매수할지도 모르는 것이다. 가격은 계속해서 움직이기 때문에 시간적 가격 차이를 극복할 수 있는 것이 바로 부동산 현장 임장이다. 실제 가격은 부동산 현장에서 정확하게 파악할 수 있다(이 부분은 뒷부분에서 한 번 더 언급하겠다).

흔히 상승장에서는 시장 가격의 추세를 호가로 파악한다. 왜냐면 호가가 나오는 족족 거래되며, 무조건 이전보다 높은 금액으로 거래가 되기 때문이다. 아무도 이전 거래가보다 싸게 팔려는 사람은 없다. 과거 상승으로 뜨거웠던 지방에서는 그 자리에서 천만 원이 오르고, 그 가격에라도 매수하겠다고 하니 집주인이 또 천만 원을 추가로 올려 투자자의 혈압도 덩달아 올라버린 사례도 많았다.

하락장에서는 호가 매물을 파악할 때 낮은 가격부터 체크해 봐야 한다. 하락장에서는 주로 '급매' 위주로만 거래되기 때문이다. 급매는 현 시세보다 5~10% 싼 금액을 말한다. 상황에 따라 15~20% 초급매도 있다. 매물마다 개인의 사정이 모두 있다. 심하게는 1~2개월 내 잔금 처리 때문에 3~4억이 왔다 갔다 하는 거래도 비일비재하다. 물론 이런 매물은 온라인에 공개되지 않고 현장에서 거래가 되는 편이다. 그래서 부동산은 클릭만으로 돈 버는 게 아니다. 현장을 많이 돌아다닌 만큼 작게는 천만 원부터 크게는 1, 2억까지도 이익을 만들어낼 수 있다는 것이다.

》 거래를 하기 위해서는 정확한 '시장가격'을 확인하라

먼저 손품을 팔아 지난 거래 가격을 확인해야 한다. 원데이터인 국토교통부에서 운영하는 실거래가 공개시스템에 들어가면 지난 거래액을 모두 확인할 수 있다. 허나 요즘에는 부동산 지인, 아실, 호갱노노 등 부동산 어플을 이용하여 파악하는 것이 대중화되었고 편리한 편이다.

두 번째는 호가를 확인하는 것이다. 네이버 부동산에 들어가 나와 있는 매물을 확인해 보는 것이다. 아파트는 흔히 층, 향, 뷰가 다르기에 싼 것과 비싼 가격 차이가 매물마다 다르다. 흔히 가격을

국토교통부 실거래가 공개시스템

실거래가 확인 (출처: 아실)

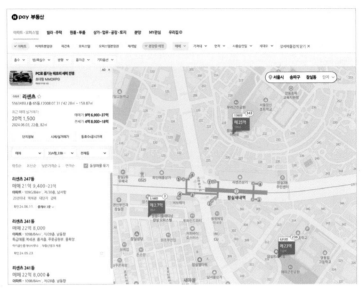

매물 호가 확인(출처: 네이버 부동산)

기준 삼을 때는 중층 기준으로 평균값을 정한다. 하지만 부동산 매
물들 사이에는 최대한 빨리 거래를 해야 하는 급매도 있고, 세대수
가 작은 단지는 거래가 없어서 정확히 호가로 가격을 측정하기에
무리인 경우도 있다는 것을 잊지 말자.

　결국 전화 임장이나, 실제 부동산 중개소를 방문하여 거래 가능
한 정확한 매물을 확인하는 것이 중요하다. 더불어 그 가격에 현재
거래 체결이 이루어지고 있는지, 매수세가 많은지 매도세가 많은
지 현장에서 파악하면 정확히 가격 파악을 마친 것이다. 이미 현장
에는 매물들이 거래를 위해 순번을 받아 대기 중이라거나, 살 사람

이 많은지, 팔 사람이 많은지 같은 정보를 통해 정확한 온도를 파악할 수 있는 것이다.

손품을 통해 가격으로 입지를 파악할때는 탑다운 방식으로 파악하는 방법이 수월하다. 좋은 것부터 먼저 보는 것이다. 사실 정확한 입지를 모른다고 하더라도 '가격'만 보고 판단해도 대략적인 파악이 가능하다. 가격으로 직접 비교해 보자.

첫째, 평당가 순으로 정렬하면, 아래와 같이 나온다. 평당가 높은 아파트가 어디에 있는지 찾아보면 지금까지 조사한 입지 결과와 유사한 결과가 나올 것이다. 이러한 과정이 번거롭다면 역으로 비싼 아파트가 어디인지 찾고, 그곳이 왜 비싼지를 지금까지 설명한 방법에 대입해 보는 것도 좋다.

평당가로 입지 파악하기(출처: 네이버 부동산)

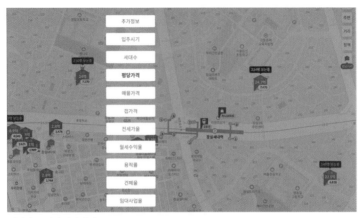

평당가로 입지 파악하기 (출처: 호갱노노)

둘째, 가장 빨리 아파트 서열 찾는 법은 무엇일까? 아실에 들어가 더보기>최고가>아파트 가격순을 체크하고, 평형을 골라 하나씩 클릭해보면 가격이 높은 순서대로 단지를 확인 할 수 있다.

아파트 가격순으로 정렬하기 (출처: 아실)

셋째, 아파트 분위지도를 확인해 보자. 호갱노노 앱에 들어가 좌측 상단부 버튼에서 '분위지도'를 클릭하면, 거시적으로 비싼 아파트와 싼 아파트까지 한눈에 살펴볼 수 있다.

아파트 분위지도 보기 (출처: 호갱노노)

» 호가는 빵의 단면일 뿐 빵의 길이가 빠져 있다

가격은 흔히 내재적 가치와 미래 가치, 시장 심리까지 내포하고 있다. 내재적 가치는 현재 사용하는 가치를 말하고, 미래 가치는 호재에 의한 심리가 반영된 것이다. 호재에는 교통 호재부터, 일자리 호재, 인프라 개선, 재건축 가능성 등 다양하다.

가격이란 것은 지금 이 순간에도 수시로 움직일 수 있고, 거래된 가격 업데이트가 한 달씩 늦게 될 수 있다. 또한 덩치가 큰 부동산 특성상 가치의 반영이 상대적으로 늦을 수도 있다. 결국 우리는 앞서 설명한 가격들을 단적으로 비교하지만, 빵의 단면을 보고 빵의 길이와 가치를 모두 이해할 수는 없다. 빵의 단면을 보고 판단한 '가격'은 실제로 빵의 길이가 얼마나 긴지, 짧은지 정확한 형태를 모르는 것이다.

그렇기에 '가격'의 흔적을 살펴야 한다. 가격은 수요자가 지불할 수 있는 가격의 총합이다. 수요자들의 흔적이 그대로 반영돼 있다. 동일한 지역에서 비슷한 가격대의 아파트 수요를 체크해 보려면 근 10년간의 가격 흐름을 비교하면 된다. 부동산 어플 중 무료로 사용 가능한 비교 기능은 아실이 독보적이다. 아실에서 아파트 비교하기를 통해 지금 순간의 가격 비교가 아닌 지난 시간 동안 가격 변화를 살피면 가치를 조금 더 명확하게 이해할 수 있다.

2017~2018년 시점에서 마포의 한 아파트와 부산시 해운대의 한 아파트 가격이 비슷하거나 혹은 잠시 더 높아진 순간이 있다. 이 순간의 가격만 파악한다면 부산의 아파트가 서울보다 더 비싼 것으로 영원히 착

각할 수 있다. 심각한 오류를 범할 가능성이 존재한다는 뜻이다. 가격은 빵의 단면과 같다고 했다. 빵의 길이를 확인해 보아야 한다. 10년이 넘는 시간의 축을 바탕으로 보면 진짜 가치를 알 수 있다.

더불어 입지상 가깝게 붙어 있어 우열을 가리기 힘든 단지도 비교해 보자. 춘천시 퇴계동, 석사동으로 가보자. 간단히 퇴계동 일대를 설명하자면 온의동의 고층 주상복합이 들어오기 전 춘천의 중심에 가까운 곳이었다. 특히 엄마 입지인 학원가가 자리 잡고 있고, 상권과 준수한 주거 단지를 구성하고, 춘천 교육대학교와 가까

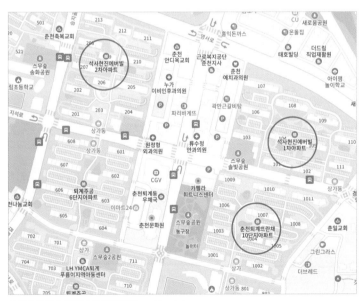

춘천시 석사동, 퇴계동 일대 단지 (출처: 카카오지도)

위 아빠 입지까지 갖춘 실거주민에게 사랑받는 동네였다. 중심 상업지구를 끼고 현진에버빌2차, 현진에버빌1차, 퇴계뜨란채 이 3개의 단지 중 어디가 가장 우월해 보이는가?

지도만으로는 분별하기 어려울 것이다. 단지 모양도 비슷하고, 브랜드도 유사할 뿐 아니라 상품성도 준공에 1년 정도 차이가 날 뿐이다. 이럴 때는 지난 10여 년간의 가격 비교를 해보면 실체가 드러나는 경우가 많다. 3개 단지는 미세한 가격 차이를 내면서 엎치락뒤치락하지만, 평균적으로 현진에버빌2차가 가격 상 가장 우위에 있는 것이 보일 것이다. 실제 현장에 나가 부동산 소장님과 대화를 통해 수요도를 체크해 보면 현진에버빌2차 > 현진에버빌1차 > 뜨란채10단지 순으로 정해진다. 현진에버빌2차 같은 경우에는 광폭 베란다와 34평, 37평이 주력이고, 국평 기준 타 단지들보다 체감상 넓게 구조가 느껴지는 게 장점이라서 항상 퇴계동, 석사동의 일대의 시세를 리딩한다는 것을 알 수 있다. 현장에 나가기 전 이렇게 가격만으로도 대략적인 아파트 서열을 확인해 볼 수가 있다.

더불어 동일 지역이라 하더라도 호재에 따른 변동이 있는

곳을 발견하기도 한다. 예를 들어, 과거 10년 동안 A 아파트가 더 선호되었으나, 일부 가격에 역전이 일어나는 경우가 생긴다. 그럴 때는 다른 이유가 있는 것이다. 주변에 교통 호재나 정책 이슈 등 이벤트가 발생한 것으로 판단할 수 있다. 예로 들어 용인시 수지구는 신분당선 라인의 풍덕천동과 신분당선 라인의 우측 죽전동으로 이루어진다.

입지적으로 경부 고속 도로로 단절되어 구분이 되지만 과거 유사한 입지로 평가되었다. 허나 판교를 거쳐 강남으로 급행처럼 연결되는 신분당선이 수지구청역으로 탄생했다. 2016년 1월 30일 2차 개통과 함께 서서히 입지의 역전을 시작하기 시작했다. 실제로 수지구청역의 대표단지 한국아파트는 죽전동 동성아파트와 매우 유사한 가격 흐름을 탔으나 점점 차이를 벌려 가는 것을 알 수 있다.

더 극적인 예를 들면 수지구청역 근처의 23평 소형의 아파트 신정마을주공1단지 아파트는 죽전동의 새터마을죽전힐스테이트 34평 가격을 드라마틱하게 넘어 버렸다. 과거 1억 이상 차이 난 가격은 더 이상 기억나지 않는다. 소형이 중형을 이겨버리는 마치 하극상에 가까운 가격 역전인 것이다. 이유는 호재에 따른 입지의 변화가 있기 때문이다. 게다가 2020년 들어 수지구청역 근처 단지들에 리모델링 추진 호재 이슈까지 추가되며 가격은 더욱 벌어지게 되었다. 이처럼 가격 변동에는 이유가 있다.

이 모든 일련의 과정들은 입지를 이해하고, 가격을 머리에 넣은 다음에 자신의 발품(4장)을 팔아 인사이트를 녹여내면 된다. 가격의 적정 가치를 반영하여 머릿속이 아니라 몸으로 그대로 체득하고 있으면 되는 것이다. 태풍이 오면, 우리가 알고 있는 가치 순서에 따라 움직일 테니 말이다. 시세를 리딩하는 단지가 이미 움직이기 시작했다면, 다음 순번의 단지로 이동하거나, 다음 입지의 지역으로 이동해 변화를 살펴야 한다. 또한 30평 대가 움직였다면 다음 국평이나 소형 평수를 조사해 볼 수도 있는 것이다.

» 부동산은 덩치가 큰 멧돼지다

부동산은 덩치가 크기 때문에 메뚜기처럼 빠르게 이리저리 가격이 널뛰지 못한다. 결국 이 점이 투자자에게 큰 기회로 다가온다. 1등이 먼저 치고 나가면 2등은 뒤늦게 따라가는 것이다. 1등이 먼저 상승하고 벌어진 격차가 저평가 구간이며, 부동산을 싸게 구입할 수 있는 기회이자 타이밍이 되는 것이다.

또한 부동산 현장에서는 사연이 있는 급매물들을 만나면 살 때부터 10% 싸게 들어가는 것이다. 바로 이것이 부동산의 매력이다. 오늘 당장 매매가 창을 켜고 하루에도 몇 번씩이나 변하는 거래가액을 쳐다볼 필요도 없으며, 부동산은 거래량이 하루에 수백 건씩 발생하지도 않는다. 계약서를 쓰고 잔금까지 최소 2~3달에서 길게는 반년 이상 걸리기도 한다.

지역 분석이 아무리 잘되어 있어도 시세를 모르면 이것이 싼 것인지 비싼 것인지 알지를 못한다. 입지를 알면 어디 나가서 자랑은 할 수 있지만, 싼 매물을 빨리 매수해서 부자가 되지 못한다. 결국 입지에 따른 적정 가격을 모르면 누군가에게 물어보게 된다. 이거 살까요? 팔까요? 이거 괜찮은 건가요? 하고 말이다.

결국 매수 버튼의 키는 가격이다. 부동산은 시간이라는 먹이를 먹고 자라는 놈이기에 반드시 싸게 사는 것이 가장 중요하다. 그리고 태풍이 올 때까지 기다리면 된다. 다시 한번 말하지만, 태풍이 오면 돼지도 날아오른다. 과거 돼지들도 다 그렇게 날아올랐다. 고수도 하수도 초보도 말이다.

4

세상에 하나뿐인 부동산 임장 지도 만드는 법

이제는 직접 지역을 선정하고 세상에서 하나뿐인 임장 지도를 만드는 법을 알아보자. 임장 지도는 디지털 화면을 캡처한 후 PPT로 작성해도 좋고, 출력하여 수기로 구역을 나누어 보고 파악해 볼수도 있다. 지역 분석이 처음이라면 출력 후 수기로 해보는 것을 추천한다. 머릿속에 장기기억으로 남기려면 손으로 써보는 것이 확실히 효과가 좋았다.

신도시 중 하나인 세종시를 기준으로 예를 들고자 한다. 세종시는 계획도시이기에 생활권별 개발의 방향이 다르다는 점 하나는 미리 알고 시작하자.

세종시 생활권 (출처: 세종시청)

도시가 계획된 대로 생활권별로 나누어 6개의 생활권이 있다는 것을 파악할 수 있다. 현재 5, 6생활권은 개발이 진행 중이며 1, 2, 3, 4생활권은 사람들이 입주하고 생활권이 완성 및 성숙하고 있는 단계다.

돈이 되는 부동산 임장 시크릿

» 임장 지도 만들기
: 지적편집도를 켜서 공간 구조를 이해하자

___

나는 부동산 지도를 볼 때 네이버 지도보다, 카카오맵을 더 선호한다. 빠른 반응속도와 입주 및 분양 아파트 배치도 업데이트가 우수하기 때문이다. 또한 지도 캡처 기능을 따로 제공할 뿐만 아니라, 과거 모습과 현재 입지 모습을 위성사진으로 연도별로 확인할 수 있다. 어떻게 신도시가 완성되어 가는지 공부할 수 있는 것이다.

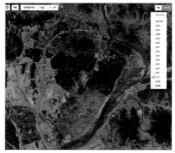

위성지도로 확인한 연도별 개발 과정 (출처: 카카오지도)

세종시 지적편집도 (출처: 카카오지도)

지적편집도를 열어 공간 구조를 이해해 보도록 하자. 이중 눈에 띄는 곳이 있다. 바로 2생활권에 붉은색 상업지역이 몰려 있다는 것이다. 그리고 1생활권에는 하늘색으로 공공청사가 자리하고 있다는 것을 파악할 수 있다. 세종이 공무원의 도시라는 것의 방증이다. 그리고 주변 금강을 따라 녹지가 조성된 모습과 노란색 주거지를 파악할 수 있다.

지적편집도와 더불어 스카이뷰(위성뷰)를 통해서 함께 보면 이해가 더욱 빠를 것이다. 또한 구글에서 제공하는 '구글 어스' 서비스를 이용하면 평지인지 구릉인지 입체감까지 느낄 수 있으니 참고하여 함께 머리로 입지를 느끼도록 하자.

세종시 위성지도 (출처: 구글어스)

생활권별로 디테일하게 확대해서 파악해 보면, 주거지를 비롯한 복합시설 용지와 상업시설, 학교 배치까지 대략적으로 파악할 수 있을 것이다.

≫ 임장 지도 만들기
: 지도에서 아빠 입지와 엄마 입지를 파악하자

먼저, 세종시 지도를 캡처하자. 오른쪽 위 '내보내기>이미지 저장하기'를 클릭하면 내가 보고 있는 현재 화면 크기로 그대로 저장이 가능하다. 또한 화면 캡처할 때 본인이 원하는 적당한 스케일로 캡처하려면 단축키(컨트롤 키와 - / +)를 누르면 화면상에서 확대와 축소도 가능하다. 화면 확대 기능과 지도 확대, 축소 기능을 복합적으로 사용해 원하는 비율로 캡처해 준비하도록 하자.

세종시를 보면 핵심 일자리는 1생활권에 위치하고, 주요 상업 지역은 2생활권에 위치한다. 아빠 입지는 이 1생활권 근처에 있어 수요 강도가 높을 것으로 예상된다. 일자리로 연결되는 핵심 교통은 지상철 역할을 하는 BRT 노선이 있다. 이것이 지나는 지점을 파악해 보면 한누리대로가 있는데, 이 대로가 세종의 핵심 일자리로 통하게 되고 이 도로 중심의 선호도가 높을 것으로 예상할 수 있다.

엄마 입지는 아마도 상권이 발달한 2생활권 근처에 있으면 강

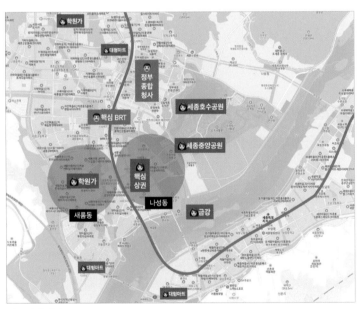

지도 작성 예시

세를 보일 것으로 예측된다. 더불어 엄마 입지의 '학'인 아이들의 교육을 파악할 수 있는 학원가를 찾아보면 압도적으로 2생활권 새롬동에 많다는 것을 알 수 있고 더불어 아름동, 범지기 마을에도 학원가를 찾아볼 수 있다. 자연환경은 세종 중앙 공원과 금강을 조망할 수 있는 주변 환경이 큰 수요를 나타낼 것으로 파악할 수 있다.

이 모든 입지를 포괄하는 지역이 아마도 높은 수요를 보이며 가격적으로도 높게 형성됐을 가능성이 많다. 아파트의 개별 특성에 따라 가격은 차이가 있겠지만, 확실한 것은 아빠 입지와 접근성이 좋고, 엄마 입지가 적절하게 구성된 2생활권의 나성동과 새롬동이 가장 수요가 많을 것으로 파악할 수 있다. 이렇게 공간 파악에서 이미 머릿속에 스토리텔링을 통해서 입지를 대략적으로 이해해 보면 좋다. 틀려도 좋다. 어차피 이해한 입지를 가지고 또 현장으로 나가서 확인 작업을 충분히 거칠 테니 말이다.

» 임장 지도 만들기
: 탑다운 방식으로 시세 입력하기

시세 기록은 아파트의 연식, 세대수, 평균 매가와 전세가를 입력하자. 동별 구역을 나누고 동별 대표 아파트의 가격을 기재하는 것이다. 내가 생각했던 가격과 선호도를 충분히 반영하고 있는지 체크해 보면 좋다. 가격은 평당가로 기록한다. 평당가가 높을수록 수요의 크기를 알 수 있다. 사람들의 수요가 클수록, 욕망이 커질수록 가격은 비싼 가격을 나타낸다.

개인적으로 임장 나가는 지역 아파트의 모든 시세를 다 기록해 보는 것이 기억으로 오래 남는다고 느꼈다. 크게 아파트 연식(상품성), 중층 기준 호가, 전세가, 세대수 정도면 좋다. 해당 가격을 기록할 때 어떤 사이트나 어플을 이용할지 고민될 것이다. 대중적으로 네이버 부동산, 부동산 지인, 아실, 호갱노노, KB부동산, 리치고 등이 대표적이다. 허나 들어가서 대표 단지의 시세를 확인해 보면

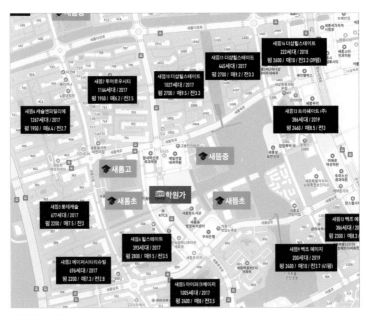

시세 지도 예시

다 다르다. 시세를 표기하는 방식이 저마다 다르기 때문이다. 실거래가 중심으로 표기하거나, KB시세 중심이거나, 실거래와 호가를 섞어서 자신만의 가격 지표라고 말하는 곳도 있다. 개인적으로 시세 소스 발췌는 네이버 부동산 위주로 한다. 호가 중심으로 살아 있는 매물 기준이기 때문이다. 기민하게 변하는 시장에서 가장 빠른 캐치가 가능하고 현장에서 부동산을 방문할 때 바로 적용도 가능하다. 정해진 기준은 없지만, 여러 개의 사이트를 섞어서 쓰지 말고 가격을 기록할 때는 하나의 사이트를 정해서 일관된 가격으로 기록하는 것을 추천한다. 조금 무식하게 한땀 한땀 모든 단지를 표시하고 기록하면 단지별 기억이 분명히 남을 것이다. 모든 단지를 기록하기 어렵다면, 동별, 생활권별 지역을 나누고 가장 비싼 단지만 적어 보는 것도 좋다. 어차피 이 리딩 단지가 움직이면 옆 단지도 분명히 따라 오를 테니 말이다.

거시적으로 앱별 가격 표시의 기준을 파악해 보면, 네이버 부동산은 '호가 매물의 평균'을 나타내고, 호갱노노는 '한 달간 실거래가 평균'을 베이스로 표시되는 경향을 보인다. KB부동산은 실제 중개사 인터뷰를 통해 발췌한 시장 호가의 평균을 표시한다. 어플마다 기준이 다르고, 시스템상 기준이 변경되기도 한다. 그래서 앱별로 한 개 단지를 대표하는 마커의 가격이 다르다.

임장 지도 작성 팁, 청개구리 암산법

가격에서 대부분 아파트 순위가 정해진다. 머릿속에 왜 비싼지, 싼지 순서를 기록하며 현장에서 비교하고 체득해야 한다. 평당가 순으로 기록해 놓으면 매매가가 빠르게 머릿속에 떠오르지 않는 경우가 있다. 이럴 때 써먹기 손쉬운 계산법을 공개하겠다. 흔히 평당가에서 33평형 시세 변환을 할 때는 곱하지 말고 청개구리처럼 반대로 나누어 보자. 훨씬 계산이 빠르게 평당가와 시세를 오갈 수 있을 것이다.

Q. 평당가 3,235만 원의 '매매 가격'은 얼마일까?

A. 평당가에 33평(국평 기준)을 곱하지 말고, 반대로 평당가 나누기 '3'을 해보는 것이다(평당가/3).

3,235 ÷ 3 = 1,078 정도로 암산이 가능하다.

숫자 1,078이 의미하는 바는 무엇일까? 뒤에 00을 더 붙이고 만 원을 붙이면 시세 10억 7천 800만 원 정도로 환산된다. 실제 3,235(평당가)×33(평수)= 106,755만 원(매매가)이 나온다. 약간의 오차는 있지만 거의 유사하고, 빠르게 암산이 가능하다. 역으로 계산도 가능하다.

Q. 6억 4천짜리 물건은 '평당가'가 얼마일까?

A. 6.4억을 33평으로 나누려면 계산이 어렵다. 반대로 64에 '3'만 곱해

보자. (매매가×3)

192가 나오는데, 이 숫자가 의미하는 바는 대략 1,920만 원으로 변환

할 수 있다(뒤에 0 하나와 만 원을 붙이면 된다). 실제 33평의 6억 4천만

원의 평당가는 1,939만 원이다. 오차가 작으며, 우리의 목적은 빠른

평당가와 시세 변환에 있으므로 유용하게 쓸 수 있다.

≫ 임장 지도 만들기
: 인터넷을 이용하여 미래 호재를 파악하자

웹서핑 손품을 통해 호재를 파악하고, 미래에 변화상을 이해해

보자. 세종시 같은 경우에는 대전 1호선 연장 호재가 있고, 나성동

백화점 입점 호재가 있다. 교통은 아빠 입지를 강화시키고, 상권은

엄마 입지를 강화시킨다. 지금도 좋은 1, 2 생활권이 계속해서 강

화될 가능성이 크다는 것을 알 수 있다.

미래 호재는 눈에 보이지 않는다. 아직 실현되지 않은 가치이기

때문이다. 그러나 호재는 사람의 심리를 움직이므로, 가격에 미리

반영되는 경우가 많다. 임장을 다녀와도 여기가 왜 이렇게 비싼지

모르겠는 경우가 있다. 그럴 경우는 호재가 선반영이 되었을 가능

성이 높다. 호재를 파악하는 방법은 먼저 부동산 프롭테크 사이트

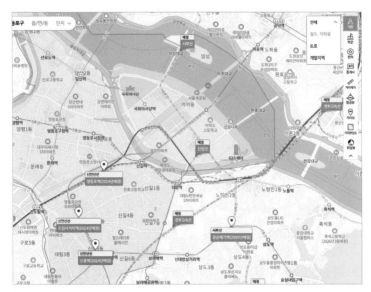

개발 (출처: 네이버부동산)

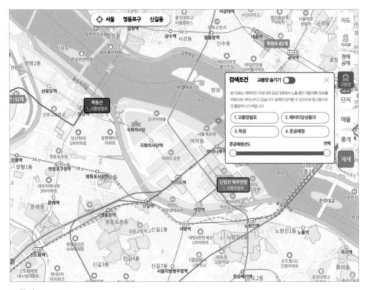

교통망 (출처: 아실)

돈이 되는 부동산 임장 시크릿

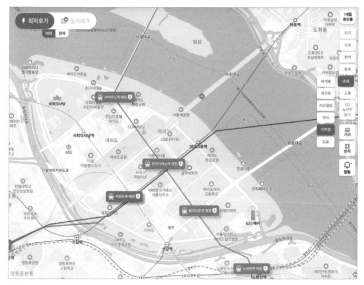

호재 (출처: 리치고)

에서 체크해 보는 것이다.

　네이버 부동산은 우측 위 '개발' 탭을 클릭해 보면, 호재의 종류
별로 나열이 되어 있다. 철도, 지하철뿐만 아니라, 개발 지역(택지지
구)들을 한눈에 지도에서 보이게 하는 가장 기본적인 기능을 제공
하고 있다.

　아실도 특별한 기능을 제공한다. 교통망 탭이 들어가면 교통망
발표, 예비타당성, 착공, 준공 예정까지 나누어서 깔끔하게 표기되
어 나는 아실을 가장 선호한다. 하지만 교통망 같은 경우는 변동
사항도 많고, 정치권의 공약에 따라 미루어지기도 하고, 지체되곤

하니 상시 체크할 필요가 있다.

리치고 지도 화면상에서 우측의 호재>지하철/도로를 클릭하면 지도에서 위치와 역 표기가 나온다. 아빠 입지를 대변하는 교통 호재를 제공한다. 특히 도시정비사업 호재를 가장 빠르고 효율적으로 반영하는 것이 장점이다. 특히 리치고는 재개발, 재건축, 리모델링, 택지까지 제공하는데 해당 지역을 클릭하면 사업이 어디까지 진척되었는지까지 제공하는 매우 강력한 기능을 가지고 있다.

두 번째 방법은 각종 포털에서 '지역+키워드'를 검색하는 것이다. 안양시 개발 호재, 안양시 교통 호재, 안양시 부동산 호재, 안양시 일자리 등 검색을 통해 디테일한 내용을 습득할 수 있다. 이때 남들이 이미 정리해 놓은 자료들을 발견할 수 있을 것이다. 하나부터 열까지 모두 스스로 해내려면 어렵다. 책이 있는 이유도 동일하다. 소크라테스는 "남의 책을 많이 읽어라. 남이 고생한 것을 가지고 쉽게 자기 발전을 이룰 수 있다"라고 말했다. 세상에 완전 새로운 것은 없다. 기존 지식에 살을 더하고 인사이트가 쌓이면 자신만의 정보로 변하게 되는 것이다. 그러니 마음을 내려놓고, 인터넷 검색을 충분히 해서 6개월~1년치 후기를 빠르게 읽으면서 시장의 분위기를 익히는 것을 추천한다. 참고로 열심히 읽기보다는, 속독으로 분위기나 포인트만 발췌하는 것을 추천한다. 왜냐면 결국 우리는 이것을 들고 제 몸으로 느끼고 자신만의 정보로 만들 것이기 때문이다.

세 번째 방법은 찾은 호재의 키워드를 나무위키에 직접 검색해 보는 것이다. '신안산선', '인동선'이라고 쳐보자. 인터넷에 근거 없이 떠돌아다니는 정보들보다, 훨씬 정제된 정보들이 제안될 것이다. 개발 역사부터, 논란, 그리고 연장 목록 및 관련 문서까지 한 번에 볼 수 있다. 물론 호재라는 것은 계획이 변하고 기한이 연장될 가능성이 늘 있는 영역이다.

하지만 이 부분들을 취합하다 보면 계속해서 반복적으로 들어오는 키워드가 있을 텐데 그것이 가장 중요한 변화의 포인트라고 생각하면 된다.

≫ 임장 지도 만들기
: 도시 기본 계획을 찾아보자

도시는 국가에서 관리하는 대상으로 한 도시를 분석하고 싶다면, 각 시청 또는 지자체 홈페이지에 들어가 도시 기본 계획을 살펴보면 된다. 이것마저 검색이 어렵다면 '지역명+도시 기본 계획'을 구글에 검색하면 손쉽게 찾을 수 있으니 절대 어려워 말자. 도시 기본 계획은 시 단위 가장 상위의 계획이다. 도시 기본 계획 자료를 다운받아 살펴보려고 마음먹어도 수백 페이지가 넘어가는 양

가. 도시공간구조

- 도심 위상 강화를 통한 1대생활권 중심기능 수행 유도
- 중심상업업무기능을 수행하는 도시중추지역을 2도심으로 설정하고, 생활권별 중심기능을 수행하는 지역을 6지역중심으로 설정(2도심, 6지역중심)
- 인덕원 및 박달동 일원의 지역중심 지정
- 만안-동안 연계증진을 고려한 비산동 일원의 지역중심 지정

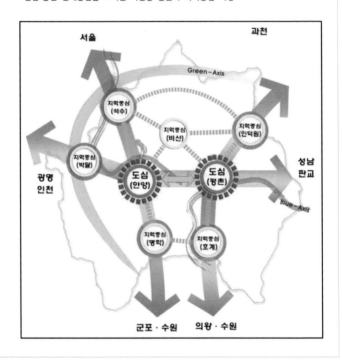

에 머리가 어질어질할지도 모른다. 선택과 집중을 하면 된다. 우리가 집중해야 할 것은 공간 구조 부분이다. 이를 중점적으로 살펴보면 충분하다. 이미 우리는 앞서 손품으로 지역을 이해하고 분석해 놓았기 때문에 이 공간 구조가 더 눈에 잘 들어올 것이다. 더불어

향후 개발 계획 및 교통에 대해서 주목하면 된다.

입지는 주어진 것이 아니라 만들어지는 것이다. 호재가 갑자기 빵 터지는 것이라고 오해할 수도 있지만, 이미 만들어 놓은 도시계획을 따라가는 것 뿐이다. 공공기관과 정부 부처가 가장 싫어하는 일이 바로 리스크를 안는 일이다. 만약 본인이 공무원이라고 생각해 보자. 창의적인 마인드로 자신의 모든 것을 걸고 새로운 업무를 하겠는가? 아니면 정해진 안전한 계획서와 매뉴얼 대로 할 것인가? 이미 정해진 원칙과 매뉴얼에 따라 수요 조사, 인구 조사, 개발의 필요성 등을 진행할 가능성이 많다. 이때 가장 기본이 되는 것이 바로 기존의 도시 기본 계획이다. 이미 대한민국에서 가장 똑똑한 사람들이 모여 만든 매뉴얼이라고 봐야 한다. 그만큼 중요한 계획서이기에 머릿속에 넣어두고, 우리가 공부한 지역의 이해, 그리고 시세를 함께 파악하도록 하자.

이정도면 손품으로 할 수 있는 모든 것들을 마스터한 것과 다름이 없다. 이제는 이 지도를 들고 현장으로 나갈 때다. 발품으로 이 지도를 몸에 입력하고 내가 기록했던 가격과 현장에서 얻은 정보를 정확하게 파악할 때이다.

4장

수익률을
극대화하는
부동산
임장 시크릿,
발품

1

100번 말해도 부족하지 않은 발품의 중요성

≫ 당신은 부자인가? 아니라면 임장을 떠나라

돈은 양에 비례해서 늘어난다. 100만 원보다 1억이 더 큰 수익을 만들어내는 것은 굳이 설명하지 않아도 분명한 사실이다. 돈이 많은 사람은 실패할 확률이 적은 좋은 투자처에 안정적으로 높은 수익률을 기대하며 투자할 수 있지만, 우리는 그렇지 않다. 돈이 많지 않기 때문이다. 돈이 부족한 사람은 잔발로 뛰어야 한다. 시장에 물이 들어올 때 당장 뛰어나갈 준비가 되어 있어야 한다는 말이다.

처음부터 종잣돈이 있는 사람은 없다. 없으니까 잔발 뛰기를 하는 것이다. 소위 말하는 짤짤이부터 차근히 모아야 한다. 학창 시절 학종이 따먹기도 한장 두장 먼저 따봐야 학종이 한 박스를 걸고 큰 대결을 할 수 있는 것이다. 고기도 씹어 본 놈이 맛을 알고, 돈도 써본 사람이 잘 번다. 부동산 공부를 오래 한 고수들도 열심히 잔발을 치던 시절이 분명히 있었다. 잔발이 모여 근육이 됐을 때 큰돈을 투자하거나 쓸 수 있다. 시장에서 만 원짜리를 구매할 때도 흥정하는 것처럼, 부동산도 마찬가지다. 현장에서 가격 협상할 때 2천만 원에서부터 5천만 원까지 깎는 광경을 보면 부동산 임장을 자주 다니고 거래를 해보는 것이 얼마나 중요한지 깨닫게 된다. 과거 2015년 수도권에도 투자금 1억으로 투자 할 수 있는 곳이 수두룩했다. 지금 그때 그 시절을 생각하면 안 된다. 짤짤이 없이 투자금을 불릴 수 없다.

고수들의 허세 섞인 말을 믿지 마라. 작은 돈이 모여 큰돈이 된다. 작은 돈을 허투루 하다 보면 큰돈은 절대 모을 수 없다. 부동산 투자하는 사람들 매우 많이 만나보았는데, 그들 중에 큰 종잣돈으로 시작한 사람들은 결국 부모님의 도움을 받은 것이었다. 누군가의 도움으로 시작한 사람은 결국 누군가의 도움으로 해결하려는 방향으로만 향한다. 돈이 부족하면 자신의 노력과 발품으로 다른 사람보다 더 많이 돌아다닐 수밖에 없고, 몸과 시간을 투입한 노력은 돈의 힘을 압도한다. 결국 간절함은 기회로 다가오기 때문이다.

시장이 좋을 때는 돈이 돈을 낳지만, 시장이 하락하기 시작하면 결국 살아남는 자는 간절함으로 준비해 온 사람들이다. 돈은 사람을 배신할 때도 있지만, 우리가 직접 돌아다닌 발과 땀은 절대 배신하지 않는다. 거짓말도 하지 않는다. 정확히 노력한 만큼 실력이 쌓인다. 오히려 시드머니가 부족한 게 부동산 투자에서 도움이 될지도 모른다. 미리 절약을 준비하는 미덕, 현장에서 쌓은 노하우, 위기를 대비하는 능력까지 갖추게 될 테니 말이다. 오히려 돈보다 쌓아 놓은 발품에 대한 자신감과 노하우가 투자자를 지탱하는 큰 힘이 된다.

발품은 부동산 투자를 하는 사람에게 아이디어 생성기와 같다. 현장에 좋은 생각, 좋은 기회, 좋은 답이 있기 때문이다. 부동산 투자는 어쩌면 그저 사고팔고의 반복적 행위에 불과하다고 생각할 수도 있지만, 거래에서 우위를 선점하는 행위가 모두 이익으로 남는다. 혹시 투자를 돈으로만 하려고 하지 않았는지 되돌아보자.

» 임장 양이 중요할까? 질이 중요할까?

누군가는 질이 중요하다고 하고 누군가는 양이 중요하다고 한다. 배우자와 부모님이 동시에 물에 빠지면 누구를 먼저 구할 것인가? 같은 문제 이후 최대 난제다. 둘 다 중요한 것은 당연한 말이다.

나는 개인적으로는 양이 더 중요하다고 생각한다. 왜냐면 비교군이 늘어나기 때문이다. 비교군을 늘리는 행위가 우선이라고 생각한다.

중요한 것은 양이 따라오면 결국 질도 함께 따라오게 된다. 임장하는 영역을 늘려가면 성취감이 올라가고 도파민이 분비되면서, 퀄리티를 높이려는 의욕이 자동으로 따라오기 때문이다. 단지 비교군을 늘리고 많은 지역을 다녀왔다고 해서 그 지역에 완벽히 이해했다고 말할 수 없다. 결국 양을 채워 나가면서 더불어 질도 높여야 한다. 결국 양과 질 모두 중요하다는 말이다.

개인적으로 독서를 좋아한다. 과거 책 읽는 것이 익숙하지 않을 때에는 고작 10권 읽기도 힘들었다. 허나 100권을 넘어 1,000권에 가깝게 읽어 나가니 질은 알아서 따라온다는 걸 느꼈다. 비슷한 책은 더 빨리 읽게 되고, 중복되는 내용은 넘어가고, 핵심이 더 빨리 머리에 들어왔다. 전국 부동산 한 바퀴를 돌았더니 질 또한 저절로 상승하는 것도 이 원리와 같았다. 왜냐하면 한 번 갔던 곳은 두 번, 세 번 가게 되고 색을 덧칠해 가며 진해지는 것을 느꼈기 때문이다. 한 번의 임장은 지도 위에 작은 점 하나를 찍는 것과 같다. 그 점들이 모이면 선이 된다. 지나 돌이켜 보면 지나온 한 줄의 긴 선으로 보인다. 많은 선이 모이면 하나의 면이 되고 그동안 쌓아온 부동산 인사이트가 이 면들 위에 3D 입체 입지가 되어 모두 소중한 지식 자산이 된다. 결국 임장의 생활화가 되는 것이다. 임장을 자주 가는 이유는 스스로 확신을 갖기 위함이다. 꾸준히 우리들의 확신의 영역을 넓혀 나갔으면 한다.

≫ 발품은 간절함이다

수영을 배울 때 이론으로만 아는 사람에게 배우는 것과 직접 해본 사람에게 배우는 것은 천지 차이다. 투자도 마찬가지고, 발품도 마찬가지다. 데이터만 차트에 넣어 보는 사람보다는 실전 경험이 많은 전문가가 더 낫다. 생각지도 못한 변수를 경험하고 소장님에게 문전박대 당해본 현장파를 이론가가 이겨낼 리 없다. 내 경험상 실전 투자자가 시장을 바라보는 게 더 예리하고 낫다고 생각한다. 방구석에서 이론으로 공부하는 것과 실전 임장에는 엄청난 차이가 있다. 슈퍼 이론 학습자가 되지 말자. 답은 현장에 있다.

나는 임장으로 전국을 한 바퀴 돌았다. 전국 맛집 탐방하듯이 돌았을까? 아니다. 새벽 2시에 출발해서 아침 6시에 전남 여수에 도착하기도 했고, 고향 내려간 김에 시간을 쪼개어 옆 소도시를 돌아보는 등 더욱 넓고 깊게 들여다보려 애썼다. 주말이면 아이를 데리고 도시락을 싸서라도 인근 도시를 방문해서 둘러보았다. 와이프를 설득해서 가고 싶은 도시를 여행이라도 가서 보고 왔다. 출장 핑계를 대고서라도 도시를 방문했다. 아침 운동을 핑계 삼아서라도 그 동네를 두 발로 뛰어보았다. 당근마켓 거래 삼아서라도 임장을 다니고, 모든 기록은 내 블로그에 남아 그대로 증거가 되어 있다.

한 획에 멋진 그림을 그릴 수 없다. 거장 피카소도 한 장의 그림을 그려내기 위해 몇천 장의 그림을 그린 시절이 있었다. 우리는 간절함을 연료로 발품을 팔아야 한다. 그게 당신의 연료를 더욱 강하게 태울 것이다. 지금 당장 떠나자.

2

완벽한 현장
임장 3단계

발품 임장에서 가장 중요한 것은 지역별 입지 수준을 이해하고, 가격 차이를 확실히 이해하는 것이다. 아래와 같이 3단계로 정리할 수 있다. 분위기 임장, 도보 임장, 중개소 방문이다. 먼저 분위기 임장이다. 흔히 그 동네에 바람 쐬러 간다고 생각하면 좋다. 친한 지인의 동네에 방문하는 것처럼 들러서 경험해 보는 것이다. 차량으로 가볍게 돌아보거나, 역세권 주위 상권을 둘러보는 식이다. 아는 지역이 나오면 "나 거기 가봤어~ 생각보다 좋더라!" 같은 경험을 이야기하게 만든다. 두 번째는 도보로 생활권을 세세하게 돌아보는 것이다. 물론 손품은 이미 진행이 되어 기본적인 이해도는 있어야 한다. 각 단지들을 둘러보고, 사람들의 동선을 파악하고 입지를 파악하는 단계다. 지역이 이해되기 시작하면 마지막으로 부동산 중개소를 방문하여 자신이 정리한 정보를 확인하고 매물을 직접 선별하는 과정을 거친다. 여기서는 1, 2단계를 중심으로 이야기하고, 중개소 방문에 따른 노하우는 다음 장에서 특별히 자세히 안내하도록 하겠다.

≫ 1단계 분위기 임장
: 차량 임장과 방문 경험

나는 주말마다 임장을 가는 편인데, 가족과 함께 떠나는 편이다. 가보지 못한 곳이 있으면 이유 없이 방문하다 보니 전국에 발도장을 찍을 수 있었다. 주말에 가족과 동행하는 것은 쉽지 않은 일일 수도 있으니, 가족의 선호에 따라 맛집, 카페 탐방을 적극 검토하면 좋다. 그냥 한 번 분위기만 보고 와도 좋다. 왜냐면 가보고 안 가보고는 천지 차이이기 때문이다. 한번 방문에 그 지역을 모두 파악하겠다는 욕심을 내려놓고 임장의 재미를 알아 가면 더욱 오래 부동산 공부를 지속할 수 있을 것이다.

기본적으로 분위기 임장은 차량 임장으로 대체할 수도 있는데, 메인 도로나 역세권에서 시작해 주요 업무지구나 상업시설, 학원가 및 학교와 유해시설 및 교통 통행량 등 입지와 함께 살펴볼 수 있는 경로로 돌면 된다. 나는 항상 실제 도보 임장 전 1시간 정도 먼저 그 동네를 유유히 돌아본다. 신호대기 시에 사람들이 움직이는 동선, 상권의 이용 빈도, 차량 정체 길목들을 몸으로 느낄 수 있다. 그리고 임장을 나서기 전 개인의 동선을 체크해 보고 큰 그림을 먼저 그리는 것이다.

주요 아파트 단지들을 둘러보고 올 수 있도록 전체적인 경로를 짜서 그 동선으로 미리 움직인다. 지역을 좀 더 깊게 이해하고 싶다면 목적에 맞는 디테일한 경로를 따로 만들고, 그 경로와 겹치지 않는 도로로 많이 다녀 더욱 세세하게 볼 수 있도록 한다.

분위기 임장에서 꼭 살펴봐야 할 요소는 교통이다. 역세권과 터미널, 큰 도로 주변의 분위기를 살펴보자. 교통의 요지는 상업지역인 경우가 대부분이다. 이곳은 유동인구가 많고 사람들의 이동 동선들이 모여들며 관찰할 수 있다. 또한 직접 차량을 타고 돌다 보면 정체구간이나 택시 하차 구간 등을 파악할 수 있다.

자연스레 상권도 파악하게 되는데 큰 빌딩이 대다수인 상권부터 시장이 구성된 상권도 있고, 저층 근린 상가들만 모여 있는 곳도 있다. 상권별로 은행, 백화점, 대형 프랜차이즈 매장들도 있고, 작은 가게나 개인 카페가 많이 모인 곳도 있다. 상업지역의 흥망성쇠는 눈으로 대략 파악이 가능하다. 공실의 여부와 형성된 지 오래된 구도심 상권이 쇠퇴해 가는 모습도 볼 수 있다. 현상에 주목하지 말고 사람들은 이곳을 떠나서 어디로 이동하는지 어디를 선호하는지 생각하는 계기를 만들어야 한다.

차량은 임장 동선을 머릿속에 스케치하게 만들어 이해를 도울 뿐 어차피 도보 임장을 통해 이해도를 높여야 하기 때문이다. 도보 임장은 제외하고 차량 임장만 하는 경우가 있는데, 이 경우 시간이 지나면 임장의 기억이 매우 빠르게 휘발된다는 사실을 느낄 것이다. 분명 다 기억할 수 있을 것 같지만 자동차 차창 밖으로 지나간 단지와 상권들은 이미지로만 기억나고, 몸에 남지 않는다. 결국 분위기를 보는 임장이 될 가능성이 많으므로 차량 임장과 더불어 도보 임장을 꼭 추천한다.

운전을 못 하거나 차가 없어도 괜찮다. 밥만 먹고 와도 좋다. 핵심지만 둘러보고 밥만 먹고 와도 그 동네의 분위기쯤은 몸에 익는다. 이후에 누군가에게 지역의 설명을 듣거나, 부동산 강의에서 해당 지역 정보를 보게 되면 더욱 귀에 잘 들어오게 된다. 깊게 그 지역을 들여다보기 이전에 해당 지역의 방문 여부가 더 중요하다.

1기 신도시의 대표 격인 분당은 꽤나 면적이 넓은 편이다. 과거 임장을 시작하려고 마음을 먹었지만 어디서부터 시작해야 할지 막막했다. 그래서 차량으로 가볍게 역세권부터 시작하자는 전략을 세웠다. 면적이 크다면 잘게 쪼개어 습관처럼 분위기 임장을 시작하면 된다. 분당은 지하철역만 해도 야탑역, 이매역, 서현역, 수내역, 정자역, 미금역, 오리역에 판교역까지 있다. 한 번에 다 보려 하지 않고 한주씩 한 곳씩 역 주변에 있는 상권에서 배우자와 함께 식사하고 상권을 둘러보는 것을 목표로 삼았다. 지하철역 주변 상권에는 주차도 편리해서 접근성도 우수했기 때문이다. 판교역에는 전국에 손꼽힐 만큼 매출이 좋은 판교현대백화점이 있고, 서현역에는 분당의 상징과도 같은 AK플라자 백화점과 없는 게 없는 로데오 거리가 있다. 수내역에는 롯데백화점이, 야탑역에는 NC백화점, 미금역에는 2001아울렛이 있다. 더블역세권인 정자역은 유명카페거리가 가깝다. 이곳에는 분당에서 가장 핫한 맛집들이 즐비하다. 가족과 동행해도 싫어할 리가 없다. 분위기 좋은 곳에서 맛있는 것을 먹는 일을 싫어할 사람은 없기 때문이다.

이매역을 제외한 모든 역은 상업지역에 위치하기 때문에 분당 곳곳에 맛집을 둘러보는 재미가 있었다. 임장 귀갓길에는 상권을 둘러보며 구입한 간식을 차량에서 가족과 나누며 지하철역에 가까운 지역을 조금씩 더 둘러보면서 분위기를 마무리할 수 있었다. 판교역을 방문했을 때는 백현동을, 서현역 AK플라자에서 식사했을 때는 서현동을 차량으로 돌면서 분위기 임장을 마무리했다. 가족과 데이트도 하고 임장도 하는 일석이조의 루틴이다. 이를 통해 상권에서 시작한 유동인구의 흐름과 분위기를 쉽게 파악하면서 흥미를 잃지 않고 아는 지역의 범위를 넓힐 수 있었다. 이후 도보 임장으로 디테일을 더해가면 된다. 임장의 시작은 무조건 흥미와 관심을 위해 분위기 임장부터 시작해야 오래 할 수 있다고 믿는다.

임장 시 주차 노하우

임장을 다니다 보면 주차할 일이 많이 생기는데, 관련한 노하우를 공개하고자 한다. 물론 유료 주차장에 주차하는 것이 가장 안전하지만, 해당 지역에 주차장이 없는 경우도 있고, 잠시 주차할 곳도 없는 일이 꼭 발생한다.

요즘 신축 아파트는 외부인의 단지 내 진입을 막기 위해 주차 차단기가 설치된 경우가 많다. 하지만 아파트에 따라 운영 방법이 다르다. 어느 곳은 지나가다 보면 차단기가 계속 열려 있는 경우도 있고, 또 어떤 곳은 가까이 다가가기만 해도 경비실에서 알아서 자동으로 문을 열어주는 단지도 있다. 신축단지인 경우 경비실에서 문을 열어주는 것이 아니라 방문 세대주에게 미리 말해서 월패드로 방문 차량의 번호를 저장해 놔야 열리는 경우도 있다. 또한 후문으로 운 좋게 들어와도 방문 차량의 장기 주차를 방지하거나, 아파트를 지름길 삼아 가로지르는 걸 막기 위해 나갈 때도 경비의 확인을 받게 되는 경우가 있다.

방문자로서는 불편한 처사이지만, 그만큼 차량 통행 수요가 있고 교통의 요지일 가능성이 있다는 뜻이다. 도심 외곽의 단지에 가 보면 자유롭게 드나들 수 있고 주차도 내 집처럼 편한 경우도 있다. 신축 아파트라고 무조건 주차 차단기가 있는 것은 아니다. 아파트 앞쪽이나 사이드에 상가동이 있는데 이 상가동에 직접 진입 가능한, 차단기 없는 주차장이 있는 곳들이 꽤 있다. 또한 상가동에 따로 무인 주차 시스템으로 카드 결제가 가능한 곳도 있다. 주상복합일 경우 아파트 출입구와 상가동 출입구가 다르게 구성되어 있는 곳이 많다. 아파트 단지 출입 차단기에 너무 겁내지 말고 상가동 주차장 출입구가 어디 있는지 잘 살펴보도록 하자. 상가동에 댔다면 상가에서 식사도 이용하고 화장실도 이용할 수 있으니 일거양득이다.

방문한 지역에 공영/민영 주차장이 전무해 어쩔 수 없이 노상주차를 해야 할 때가 있다. 지도를 켜서 대단지 아파트 공사 현장을 찾아보도록 하자. 건축 현장의 근로자 및 근무자들이 매일 출근하여 주차하는 대형 나대지나 공터를 발견할 수 있을 것이다.

흔히 아파트 단지는 2종이나, 3종 주거지역에 짓게 된다. 택지지구 특성상 어느 쪽에 1종 주거지역이 있을 것이다. 낮은 주거용 건물이나 상가주택들이 골목 골목으로 이루어져 있다. 이 곳에 주차의 틈새를 발견할 수도 있다. 아직 개발되지 않은 택지에는 차량 통행량이 많지 않기 때문에 편리하게 찾을 수 있다.

다만, 지정된 주차 장소가 아니라면 오랜 주차는 금물이다. 웬만하면 주차장에 안전하게 주차하는 습관을 들이도록 하자.

≫ 2단계 도보 임장

이제 본격적인 발품의 시작이다. 걸어서, 자전거를 타고 해당 지역을 한 바퀴 돌아보자. 도보 임장 시 빠트리지 말아야 할 것은 지도로만 파악할 수 없는 지역만의 특징이다. 아파트 단지별 특징과 선호도를 느끼고 단지 동 간 거리, 관리 상태, 조금 더 나아가서 단지별 조경과 조망, 주차 상황까지 모두 파악할 수 있다. 아파트 단지별 소음 데시벨을 잰다거나 놀이터 바닥이 우레탄인지, 모래 사장인지 사소한 것들에는 제발 집착하지 말자. 가장 중요한 것은 조사하고 온 시세가 현재 눈앞에 있는 단지의 가치를 그대로 반영하고 있는지를 파악하는 것이다. 왜 이 단지가 가장 가격이 비싼지, 그 합당한 이유가 무엇인지 스스로 판단하는 과정이다.

준비해 온 손품 지도에 다녀온 구역과 지나온 지역을 표기하면서 현장에서 얻은 정보들을 즉석에서 바로 기록할 수 있다. 지도에서는 반듯하고 깔끔한 느낌의 입지였지만 막상 방문하면 노후화 주택이 너무 많고 낙후된 분위기는 아닌지, 경사가 급하지는 않은지 몸소 느낄 수 있다. 도로 폭, 경사도, 주변 분위기와 폐건물이나 넓은 공터 등 빈 땅이 있는지도 실제 현장을 돌아봐야 제대로 확인할 수 있고, 특정 골목의 유흥시설로 인해 사람들이 기피하는 골목도 확인할 수 있다.

살고 있는 지역 주민의 분위기도 확인하자. 어린아이를 데리고 나온 젊은 부모들이 많이 사는 지역 특유의 분위기가 있고, 연세가 드신 노부부가 많은 지역도 있다. 단지만 돌아봐도 주거민들의 나이대와 성향을 확인할 수 있다. 특히 놀이터나 근린공원에 가보면 아이들만 나와서 노는 지역과 부모님을 동반하는 곳의 분위기 차이가 난다. 임장을 같이 간 지인들의 후기를 들어보면 가족 모두 즐겁게 공원에서 산책하고 즐기는 분위기를 목격하고 해당 지역에 대한 선호도가 급작스레 올라간 경우도 보았다. 또한 인천의 특정 단지는 아파트 내 잔디가 진입식으로 뛰어놀 수 있게끔 만들어졌고, 아파트에 캠핑을 위해 야외 텐트 설치 데크까지 준비해 놓은 모습을 보았다. 사소한 차이가 거주민들의 삶의 퀄리티를 높이고 수요도 덩달아 움직이는 것이다.

주거 단지 주변 학원가가 모인 상가 거리를 다니다 보면 학생들의 옷차림이나 행동을 보고서도 학업 분위기를 파악할 수 있다. 부모들의 차에서 내려 학원가로 이동하는 아이들도 보이고, 교복보다는 사복을 입고 멋을 부린 학생들이 많은 지역도 있다. 거리에 오가는 사람들의 분위기를 잘 살펴보면 시세로만 판단할 수 없는 지역의 정보와 인사이트를 직접 확인 할 수 있다.

지방 임장은 도보 임장을 반드시 해야 한다. 자주 올 수 없기에 분위기 임장만 하다가는 이동시간만 소비될 뿐이다. 지방 임장 시 일정을 항상 2박에서 3박 이상으로 잡는 편이다. 이유는 하루는 가족과 관광에 온전히 할애하고 나머지 시간은 부동산 임장 활동을 하기 위함이다(물론 관광을 하면서도 앞서 살펴본 차량 임장을 병행한다. 어렵지 않다. 어차피 주요 지역 상권에서 밥을 먹고, 주변을 둘러보는 건 관광이자 분위기 임장이기 때문이다).

대한민국에서 가장 더운 곳인 대구로 임장을 갔을 때이다. 대구의 수성구는 서울의 강남과도 같은 곳이다. 양질의 일자리, 편리한 교통, 우수 학군이 모두 몰려 있기 때문이다. 수성구에서 가장 높은 곳에 위치한 호텔에 숙박했다. 해당 호텔은 옥상에 인피니티 풀이 있어서 가족과 물놀이를 즐기기에도 좋고, 객실에서 내려다보면 대구 시내 일대가 전부 보였다. 놀면서도 현장을 내려다볼 수 있어 최고의 숙소였다. 하루 동안 가족과 관광지와 호텔에서 즐겼고, 다음날부터는 오롯이 도보 임장으로 모든 단지를 직접 돌았다.

다음날 본격 임장은 미리 준비해 온 임장 지도와 함께 시작했다. 대구 수성구는 지도에서만 보던 모습과는 차원이 달랐다. '대체 왜 여기가 가장 비싼 입지지?'라는 생각이 드는 못생긴 지형이었기 때문이다. 6차선(청호로)으로 크게 단절된 입지에 도로 한쪽으로 절벽같이 크게 느껴지던 옹벽이 위치했다. 그 높은 옹벽 위로 아파트와 초등학교가 있었다. 더불어 범어4동 일대는 저층 주거지와 근린 상권이 뒤섞여 도로는 좁디좁아 사람들의 보행이 위험해 보이기까지 했다. 신축단지라고 해도 대부분 400세대의 소규모 아파트가 다였다.

도보 임장을 통해 구석구석 돌아보고, 살펴보니 그때서야 부동산보다 그곳에 사는 사람들이 더 많이 보이기 시작했다. 성인보다 학생들이 더 많아 보였고, 대부분 학생은 학교-집-학원이라는 이 삼각형의 거점을 빠르게 이동하고 있었다. 게다가 학원가 근처에는 부모 차에서 내려 학원으로 향하는 학생들이 많았고, 해당 차들

돈이 되는 부동산 임장 시크릿

은 모두 비싼 고급 차량이었다. 학원가와 학교가 가까운 주거지일수록 가격이 높은 것을 직접 몸으로 확인했다.

도보 임장 편하게 하는 노하우

도보 임장을 다니다 보면 동선이 겹치거나, 되돌아가야 하는 경우가 생긴다. 도보 임장이라고 해서 꼭 두 발만 이용해야 한다는 것도 오해다. 서울 같은 경우는 단돈 천 원으로 자전거를 빌릴 수 있는 따릉이 서비스가 있다. 경기도 일부 지역은 민간 브랜드의 공유 자전거 서비스를 제공하는 경우가 많다. 카카오 자전거, 쏘카일레클(전기자전거), 에브리바이크, 킥고잉도 자전거 서비스를 제공한다. 뿐만 아니라 지방에도 지자체에서 운영하는 자전거 서비스가 있다. 웹을 통해 지역명과 공유자전거만 쳐도 이용 가능한 브랜드를 알아낼 수 있다.

자전거는 시간과 체력을 아낄 수 있는 유용한 수단이다. 도보는 물론, 상권, 아파트 단지 내부도 자전거로 모두 둘러볼 수 있으므로 적극적으로 활용하자. 자전거의 동선은 생각보다 사람들의 도보 동선과 매우 유사하고 활동 반경도 비슷하기에 도보 임장과 유사한 경험을 할 수 있다. 다만 이동 수단 이용 시에 안전은 필수다.

» 뭘 보고 올지 계획을 잡자

앞서 설명한 입지에 대해 정리해야 할 부분을 간략하게 정리해 보았다. 지도만으로 볼 수 없는 지역의 디테일한 부분을 확인하는 것이 중요하다. 이미 손품으로 조사했던 역세권, 교통 요지, 터미널, 학원가, 상권 등의 분위기가 파악되었으므로 디테일을 채워 나가는 행위라고 생각하면 된다.

아빠 입지 지하철, 교통, 터미널	지하철역 규모, 큰 도로 접근성 및 도로 규모, 터미널이나 기차역 등
엄마 입지 학교, 학원가	중심 학원가 분위기, 학업성취도 상위권 중학교 인근 분위기 등
엄마 입지 상권 및 병원, 편의시설	상업지역, 상권 분위기, 병원 접근성, 편의시설 개수
엄마 입지 주변 환경	랜드마크 건물, 대형 공원 및 산책로, 유해시설 유무 체크
현장 분위기	학생들 분위기, 거주민 연령대 및 차량

3

현장감을 온몸으로 느끼는
거주민 빙의 임장법

» 임장 루트 세우기
: 탑다운으로 진행

기본적으로 지하철역이나, 교통의 핵심에 있는 역세권에서 시
작하는 것이 좋다. 왜냐면 주거지와 역과의 거리를 직접 느껴가는
것이 편하고, 흔히 역세권이 단지별로 비싼 경우가 많기 때문이다.
또한 역세권은 상업지역이기 때문에 주요 업무지구나 상업시설,
학원가 및 학교와 같은 입지 포인트를 함께 느낄 수 있다. 그리고
임장 루트를 짜다 보면 시작점에서 다시 마무리되는 경우가 많다.

다른 지역으로 이동하거나 귀가하기 위해서라도 역으로 돌아와야 하기 때문이다. 어쩌면 그 지역의 얼굴이기 때문에 시작을 그쪽에서 하는 것이 좋다.

손품을 통해 이미 해당 지역의 시세를 대략적으로 파악한 상태이므로 가격이 높은 단지에서부터 아래로 내려오는 탑다운식의 임장 루트를 추천한다. 가격 상 순위대로 진행하되 꼭 1등 단지에서 2등 단지로 바로 연결해서 갈 필요는 없다. 자연스럽게 상위 50% 이상 단지들을 모두 보겠다는 생각으로 유기적으로 동선을 연결해서 지나가면 된다. 해당 지역의 크기가 작은 소규모 도시라면 하루에 다 돌아 볼 수도 있지만, 광역시 이상의 도시들은 사실 하루에 1개 구를 보는 것만으로 벅찰 때도 있다. 1일 임장을 계획 중이라면 1개의 구(30만 명 기준)를 파악한다는 생각으로 범위와 임장 루트를 정하면 된다.

또한 모든 단지들을 다 둘러보면 좋겠지만, 체력적으로 문제가 있을 수도 있다. 처음에는 상위 30~50%의 단지들만 먼저 둘러보는 게 좋다. 그 뒤 시간이 허락한다면 추가로 진행하자. 해당 지역의 노후화된 단지나 지역들은 노후화된 경향이 많으며 재건축, 재개발 이슈가 있는 곳들은 꼭 방문하여 분위기가 아닌 입지를 집중해서 보자. 현재 노후화된 모습 때문에 전혀 상상이 가지 않지만, 위치하고 있는 입지에 신축 아파트가 들어오고 주위 도로 정비 후 신규 상가들이 입점하게 되면 어떤 분위기로 변할까? 하고 상상의 영역에서 편견 없이 봐야 한다. 처음부터 상상이 잘 가지 않는다면 최근 재개발 완성된 단지를 보고 과거 사진을 찾아서 보게 되면 천지가 개벽한 모습으로부터 조금씩 감을 잡을 수 있을 것이다.

구도심일수록 단지별 소규모 타운을 이루고 타운별로 거리가 먼 경우가 있다. 다른 생활권으로 넘어가기 위해서나, 도보로 이동하기에 거리가 부담될 때는 대중교통이나 공유자전거 등 이동 수단을 이용하는 것도 좋다. 앞서 강조했듯 임장을 꼭 도보로만 하라는 법은 없다. 나는 지방에 가더라도 지하철, 버스 등 일부러 대중교통을 최대한 이용해 보는 편인데 오히려 거주민의 관점에서 현지 분위기를 느끼기에 좋은 경험이다. 지방에서도 지하철은 항상 지하로만 다니지 않는다. 지상으로도 다니기도 하고, 강을 건너기도 한다. 규모가 작은 경전철도 있고, 마을버스만 운행되는 지역도 있다. 이를 통해 해당 지역의 유동인구량과 주요 대중교통 노선도 확인할 수가 있어서 금상첨화다.

임장 동선을 짤 때는 아파트 단지를 출입하여 내부를 둘러보고 단지를 가로지르는 동선을 추천한다. 마음이야 모든 단지를 다 둘러 보고 싶지만, 시간적 체력적으로 부족해서 모든 단지를 다 체크할 수 없는 것도 현실이다. 그럴 때는 최대한 규모가 크고, 사람들이 선호하는 대단지들부터 모두 방문하여 분위기를 파악하자. 규모가 작거나 비교적 중요도가 떨어지는 단지들은 도로를 따라 입지를 체크하고, 집으로 귀가 후 궁금한 점은 웹을 통해 검색해서 찾아봐도 좋다. 중요 단지를 직접 눈으로 확인하지 못하고 오면 꿍

장히 아쉽고 시간적, 정신적 데미지가 크기 때문에 주요 단지부터 챙기도록 하자. 어차피 시간이 흘러 언젠가 그곳에 다시 임장을 가게 될 것이고 색은 덧칠하면 할수록 진해질 것이다. 그때 못 본 곳들도 함께 알아갈 수 있으니 한 번에 모두 섭렵하지 못했다고 너무 걱정 말자.

≫ 임장 시간 배분

나는 국토 대장정 및 하프 마라톤 포함 완주 10회. 장거리 수영 경험이 있어서 체력적으로 매우 자신이 있는 편이다. 임장할 때 하루에 몇 킬로 정도 걸으면 좋을까요? 하고 묻는다면 건장한 남성 기준 20km를 추천한다. 차량 임장과 도보와 구보를 섞어서 열심히 돌면 하루 2개 구 정도는 거뜬히 볼 수도 있다. 하지만 20대 혈기 왕성한 남성에게 추천할 정도의 거리이므로 일반 사람과 여성분들에겐 추천하지 않는다. 과거 욕심을 내어 1박 2일로 광역시의 4개 구를 연속으로 본 적도 있는데 체력적으로 부담이 될 뿐만 아니라 발품에만 집중하다 보면, 둘러보고 온 단지들이 뒤죽박죽 섞여 머릿속에 정리도 안 됐다. 욕심을 내려놓고 하루 기준으로 1개 구 혹은 1~2개 생활권을 본다고 생각하면 좋다. 결론만 말하면 10km 내외의 거리를 추천한다.

임장 스터디 멤버들과 6~7명씩 조를 이루어 다양한 곳들을 임장 다녀 본 결과 10~12km 정도가 가장 적합한 수준이라고 판단된다. 특히 오전에는 체력과 의지가 높으므로 꽤나 많은 거리를 주파할 수 있지만, 식사 후 오후에는 신체적으로 이완되어 속도가 현저히 늦어지고 집중력이 떨어지는 경우를 많이 보았다. 시간을 배분할 때는 임장을 시작하는 초반에 더 많은 동선을 배치하자. 앞서 탑다운방식을 추천했는데 이 부분과 상통한다. 시간이 지날수록 집중도가 떨어지고 모두 돌아보지 못할 가능성도 있기에 중요 단지를 초반에 배치하는 것이 효율적이다.

나는 경험으로 이 사실을 잘 알고 있기 때문에 새벽부터 출발하여 아침부터 점심시간까지 집중적으로 임장을 도는 편이다. 새벽에는 차가 막히지 않아서 해당 지역으로 이동이 편하고, 평일 아침에는 출퇴근하는 사람들의 동선과 라이프스타일까지 모두 파악할 수 있다. 출퇴근 시간 도로에서 병목이 일어나는 구간을 확인하면 유동 차량이 많은 곳과 아닌 곳도 알 수 있다. 오전 임장을 마치고 식사 후 부동산을 방문하면 사람의 심리상 가장 온화한 상태로 수월하게 상담도 진행이 가능하다. 실제 과학적으로 인간은 식사 후 30분~1시간 이후가 가장 긍정적인 상태다. 직장을 다닐 때도 이 시간대를 활용하여 중요 결재와 연차 및 휴가 기안을 모두 처리했던 경험이 있다.

임장 거리를 체크할 때는 카카오맵의 '거리재기' 기능을 통해 직접 동선을 찍어 총 거리와 도보 시간을 체크하면 된다. 구간별

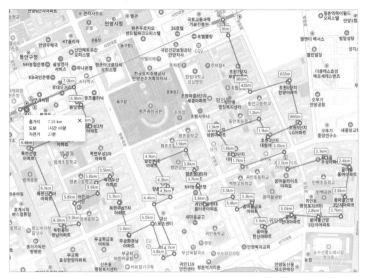

도보 거리재기 기능 (출처: 카카오지도)

거리 측정도 가능하고, 대략적인 시간 체크도 가능하다. 지도가 알려주는 시간을 측정할 때는 오류에 빠지지 말자. 카카오 지도가 안내하는 도보로 걷는 시간에 대략 2배 이상의 시간이 필요하다. 아무 생각없이 목적지를 향하는 시간과 직접 현장을 체크하고 돌아보며 걷는 시간은 2배쯤 차이가 난다.

처음 방문하는 지역은 세세하게 모두 돌아보면 시간이 오래 소요되지만, 두세 번 중복 방문하는 곳이 생기면 결국 시간과 동선은 줄어들게 된다. 각자의 조건이 다르므로 정확한 임장의 거리를 콕 집어 추천할 수는 없다. 많은 사람과 임장을 다녀 본 결과를 공유하고, 개인적 소견을 말한 부분이니 스스로 비교해 가면서 자신의 스타일에 맞는 방법을 만들어 가도록 하자.

» 임장가서 아파트 둘러보는 법

먼저 해당 지역 입주민으로 빙의해야 한다. 실거주자의 욕망을 끌어 올리자. 스스로 '내가 만약 이 지역에서 산다면 어디서 살겠는가?'라고 항상 반문하자. 이때 물론 개인의 취향을 반영하는 것도 중요하지만, 대중이 일반적으로 선호하는 곳을 찾아야 한다. 실수요가 많은 곳은 늘 매도가 수월하기 때문이다. 단적으로 말해서 가격이 같은 두 아파트 중 하나를 선택한다면 찾는 사람이 많아 나중에 팔기 쉬운 쪽을 선택하는 것이 좋다. 임장 중에 지역 내 가장 좋은 곳을 찾았다면, 바로 그곳이 가장 비싼 가격의 아파트일 가능성이 99%이다. 비싼 게 좋은 거라는 명제는 모든 사람이 다 안다. 비싼 것도 중요하지만, 자신이 가용금 내에서 적정 아파트를 찾는다면 문제는 달라질 것이다. 예로 들어서 투자금을 억 단위로 구분하여 (1억/2억/3억/+) 아파트를 찾는다면 조금 더 디테일하고 현실적으로 알아가 볼 수 있다.

아무 생각 없이 좋은 곳만 찾으면 제일 비싼 아파트가 가장 좋게 보이지만 가용 금액 내에서 최고의 단지를 보게 되면 단지별 뒷구멍(?) 출입구와 학교와의 거리, 도로 횡단까지 직접 눈으로 보고 파악하게 된다. 학원은 어느 종류의 학원이 있는지까지 확인하게 된다. 그러다 보면 지역 주민처럼, 지역을 눈에 담는 게 가능해진다. 그 동네엔 어디에 뭐가 있고, 분위기는 어떤지를 현지인보다 더 잘 숙지하게 되는 것이다. 오롯이 실거주자 입장에서 생각하면서 돌아보며 몸으로 체득하자.

》 아파트 단지별 시세와 순위

가장 중요한 것은 현 조사된 시세가 내가 돌고 있는 단지의 가치를 그대로 반영하고 있는지를 파악하는 것이다. 왜 이 단지가 가장 가격이 비싼지부터 합리적으로 설득이 되어야 한다. 한번은 수도권 도시 임장을 동행한 지인과 경기도의 한 도시에 방문했다. 처음에는 공업지역 근처에 있는 특별해 보이지 않는 아파트가 왜 대장이고, 제일 비싼지 이해하지 못했다. 개인의 주관적 생각으로 대장 아파트의 가격을 측정하거나 선택하지 말아야 한다. 반대로 비교 대상군의 타 아파트들이 대장 아파트의 가격을 넘지 못하는 이유를 생각하면 답이 쉽게 나온다. 아파트에 고정된 가격표는 없다. 수요자들이 계속해서 비교하고 거래된 가격이 바로 그 단지의 가치다. 항상 가격의 합당한 근거가 무엇인지 스스로 판단하자.

준비해 온 지도에 다녀온 구역과 지나온 지역을 표시하면서 현장에서 얻은 정보들을 바로 기록할 수 있다. 분명히 입지상으로 비슷하고 연식도 비슷한데, 가격 차이가 많이 난다면, 그 이유에 대해 곰곰이 생각해 보아야 한다. 혹은 분명히 자신이 선택한 단지가 좋아 보이는데, 실제 호가는 옆 단지가 비싼 이유가 해결되지 않는

돈이 되는 부동산 임장 시크릿

다면, 준비해 간 임장 지도에 기록해 놓자. 자신의 의견을 적고, 해결이 안 될때는 지역 중개소에 들러 의문점을 해결하면 된다. 캐내다 보면, 분명 이유가 있다. 1군 건설사와 2군 건설사의 차이, 커뮤니티 규모의 차이, 단지 내에서 초등학교 배정 구역이 다른 차이, 구조의 3베이, 4베이 차이, 단지 내 단차 문제로 인한 선호도 차이, 지하철역과의 거리 차이, 입주가 끝나 물건이 잠긴 단지와 입주가 진행되고 있는 단지 차이 등 정말 다양한 이유가 영향을 끼친다. 이것들을 시세와 매칭시키면서 스스로 입지와 상품성(연식)을 반영하여 스스로 가격의 우선 가중치(퍼센티지 및 서열 순위)를 결론 내려야 한다.

가장 중요한 입지 서열화에 대해 이야기해 보자. 서열화란 단지별 아파트 적정비율 차이를 말한다. 지역을 바라보는 관점을 배우고 단순 가격보다, 가중치(%)를 만들어 놓으면 머릿속에 단지들의 서열화가 된다. 이를 위해 먼저 가격의 기준부터 잡자. 가격의 기준은 그 동네의 대장단지를 선택하고 그곳이 가격의 100%로 하고 나머지 단지들의 가중치를 잡으면 된다.

예를 들어 대장단지와 입지는 거의 동일한데 상품성(준공 연도)이 뒤처진다면 이에 해당하는 가격만큼 빼면 된다. 1년 차이당 2~2.5% 차이로 계산하면 굉장히 유사한 결과를 얻을 수 있다. 만약 10년의 차이가 난다면, 20% 차이(2%×10년) 정도이다. 2%는 정부가 목표로 하는 평균물가 상승률에 근거한다. 대장단지가

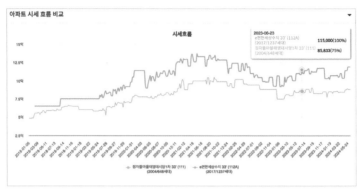

아파트 시세 흐름 비교

시세흐름

유사 입지 연식 차이에 따른 가격 가중치 트래킹

100%인 5억이라면, 10년 정도 구축인 단지는 80%인 4억 정도의 시세를 유지하면 적당하다고 판단하는 것이다. 예를 들어 용인시 수지구 성복역 근처에 있는 e편한세상수지와 태영데시앙1차아파트는 연식이 13년 정도 차이가 난다. 가격 차이를 환산해 보면 25% 정도 차이가 나면 적당하다고 판단할 수 있으며, 실제로 거의 유사하게 가격 차이를 유지하며 시세가 트래킹 되는 것을 판단할 수 있다.

동일 연식 대비 지하철역과 거리가 멀어질수록 5~10%씩 가격 적정도를 빼면서 비교하면 된다. 동일 입지, 동일 연식을 비교에서 초등학교를 품은 곳과 그렇지 않은 곳도 대략 5%씩 차이를 두면 된다. 상권과 가까운 곳과 그렇지 않은 곳을 기준으로 3~5%씩 차 감할 수도 있다. 이 모든 복합적인 요소들을 하나의 공식처럼 넣어서 서열화하려 들면 답이 나오지 않는다. 현장에서 A 단지보다는

B 단지가 우세하다고 결론을 내렸다면 어떤 사유에서 그런지 확인 후 가격 차이를 예상해 보자. 이렇게 다양하게 입지를 비교해 나가다 보면 서열화가 된다. 분명 입지가 비슷한 단지지만 조금이라도 더 우세한 곳이 있다. 이렇게 하나씩 비교하다 보면 각 단지의 순서가 정해지는 것이다.

단, 너무 가중치 퍼센티지에 집착하지는 말자. 수학같이 딱 떨어지지 않기 때문이다. 가중치를 퍼센티지로 체크하고 확인하는 이유는 숫자로 구분해야 확실히 누가 더 나은지 확인이 가능하고, 서열화가 더 눈에 잘 들어오기 때문이다. 결국 입지의 순서는 수요의 크기 순서와 동일하다.

서열화를 정리해 본 후 현장에서 내린 결론과 실제 가격의 증거인 가격의 과거 흐름을 비교해 보면 조금 더 명확하게 판단할 수 있는 근거가 된다. 아실 사이트에서 '비교' 기능을 이용하면 서열화 작업을 정교하게 만들 수 있다. 앞서 손품에서 설명한 대로 보고 있는 가격은 빵의 단면과 같아서 가격의 오류가 있을 수 있지만, 지나온 가격을 모두 비교해 보면 각 아파트 간의 선호 순위가 평균적으로 보이기 때문이다. 간격들이 줄었다가 늘었다가 하지만, 평균적인 가격의 차이는 항상 유지하는 것을 볼 수 있다. 현재 '비교' 기능은 대부분 유료인데 아실 앱에서만 무료로 제공된다. 더보기 항목에서 '가격비교'를 클릭해서 지역 내 단지를 찾아 비교할 수 있다. 추가로 지도에서 좌측 '비교'라는 아이콘을 누른 후 단

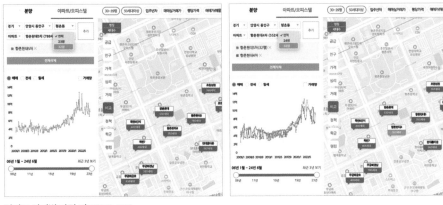
아파트 단지별 가격 비교 (출처: 아실)

지 마커를 눌러 직접 추가 비교도 가능하다. 장기적인 가격의 흐름을 파악할 수 있는 기능이기에 자주 활용하도록 하자.

가끔 비교하려는 단지들이 매우 가까이 붙어 있어서 발품을 팔아도 비교가 어려울 때도 있다. 예를 들면 경기도 안양시 향촌마을 내 3개 단지가 있는데, 같은 블록 안에 위치하여 입지가 거의 유사하고 입주 시기도 비슷해서 서열화하기가 어려웠다. 앞서 설명한 아실 비교 탭을 이용하여 확인해 보자. 거의 비슷하게 움직이는 가격 밴드를 보이지만, 향촌 롯데가 미세하게 항상 우세한 것을 확인할 수 있다. 가격만 보면 우세한 걸 인지했지만, 왜 그런지 입장을 통해 스스로 결론내려야 한다.

평촌 중앙공원을 내 집 앞마당처럼 쓸 수 있을 만큼 가까워서일까? 어차피 도로를 건너야 하는 건 3개 단지 모두 동일하다. 반

돈이 되는 부동산 임장 시크릿

대로 향촌 현대 4, 5단지는 평촌에서 모두가 선호하는 평촌 학원가가 더 가까운 장점이 있는데 상대적으로 가격이 싼 이유가 뭘까? 혼란스러울 수도 있지만, 실제로 현장 공인중개소에 들러 소장님과 이야기를 나누어 보면 현대 4, 5차는 2베이 구조이고 향촌 롯데는 3베이 구조라서 사람들이 더 선호하는 것을 알 수 있다. 1기 신도시는 다 구축 아파트이기도 하고, 특

유사 입지 단지 서열화를 위한 비교
(출처: 아실)

이점이 없어서 거의 입지로만 승부를 봐야하다 보니, 처음 임장 가는 사람들은 뭐가 중요한지 잘 보질 못한다. 하지만 자세히 들여다보고 부동산 중개소에 들러 이야기를 나누다 보면 세세하게 지역을 모두 서열화할 수 있다. 이것이 발품의 힘이다.

이렇게 발품은 손품으로 가격을 확인하고 현장에서 직접 몸으로 가격, 입지 차이를 몸으로 익혀서 스스로 서열화하는 작업이 중요하다. 가격은 과거의 흔적을 남기고 오랫동안 가격을 비교하면 서열화가 시각화된다. 또한 서열화에는 근거가 있어야 한다. 선호도가 이해되지 않는다면 공인중개소를 들러 자신만의 인사이트를

쌓으면 된다. 해당 지역 단지들의 서열화를 몸으로 익히는 것이 임장 초보에서 고수로 가는 길이다. 서열화가 되어 있으면 해당 지역 대장 시세만 파악하면 이제 알아서 나머지 단지들의 가격 적정도가 자연스럽게 머릿속에 펼쳐지는 것이다. 그래서 투자자들이 각 지역의 대장이나 시세 리딩 단지들의 시세를 달달 외우고 트래킹하는 이유가 그것이다. 이렇게 해당지역 분위기 파악과 더불어 시세를 몸으로 체득시키고 서열 순서를 스스로 파악하면 발품의 끝이다.

4

현장의 숨은 시세를
나만의 인사이트로 만들기

발품의 고수 중에 최고수가 되는 방법이 있다. 바로 숨은 시세를 파악하는 일이다. 흔히 지역 발품 임장을 할 때는 모두 완성된, 눈에 보이는 입지를 본다. 대부분은 현재 가격을 확인할 수 있고, 과거 지나온 가격의 흔적을 비교할 수도 있다. 그래서 초보 입장에서는 비교적 쉽게 입지 분석을 할 수 있다.

하지만 고수는 돈 되는 것에 관심을 더 가진다. 평범하지 않은 것에 답이 있는데, 대부분은 시세가 눈에 보이지 않는 것들이다. 예를 들면 건축 중이거나 빈 땅 상태로 있는 분양권, 입주권이다. 더 나아가서는 입지만 존재하는 노후화된 재개발, 재건축 구역이다. 이들의 공통점은 미래 신축이 될 것들이라는 것이다. 가격이 미래 완성 모습에 맞추어져 있다. 이를 프리미엄(P)이라는 무형의 형태로 가치가 측정된다. 이용 가치가 아니라, 오직 미래의 완성 가치에 따라 가격이 오르락내리락하는 것이다. 그래서 호재나 심리에 따라 가격이 빠르게 변동된다. 관심 있게 들여다보지 않으면 시세가 한눈에 잡히지 않는다. 이들의 입지를 파악하고 입지에 따라 미리 가격 적정도를 파악해 놓아야 한다. 이것들이 중요한 이유는 이들의 가격이 올라가야 신축 아파트로 올라가고, 구축도 따라 올라가기 때문이다. 혹은 신축이 먼저 오르면 이들도 숨어서 뒤늦게 움직인다. 우리가 가격을 미처 파악하기도 전에 말이다. 그래서 발품 임장을 통해 입지를 파악함과 동시에 보이지 않는 시세를 확인해야 한다.

이들은 무조건 현재 동일한 입지 신축보다 가격이 싸야 한다. 왜냐면 아직 완성되지 않아 이용 가치가 없기 때문이다. 허나 미래에 신축으로 완성된다면 가격이 더 비싸질 것은 자명하다. 신축으로 탄생하여 실제로 입주하게 되면 상품성이 월등히 좋아지기 때문이다. 그래서 가치를 측정할 때는 '유사 입지'의 기축 가격과 비교한다. 비교할 아파트 가격에 분양권, 입주권의 총매입 가격을 빼는 것이다. 이 가격을 흔히 '안전마진'이라고 부른다. 신축이 될 것을 가정하면 최소 이 정도 마진은 남는다는 뜻이다. 처음부터 싸게 사는 만큼 돈이 되는 투자이다.

안전마진이 크면 클수록 좋은 입지이고, 우수한 투자처다. 이들의 입지를 파악할 때는 앞서 발품을 팔았던 기축들의 입지를 먼저 이해하고 '비교할 단지'를 선정해야 한다. 그래서 발품이 중요하다. 만약 해당 지역에 시세가 상승하고 있다고 가정하자. 기축이 10%가 오른다면, 분양권의 P도 해당 분양가의 10%만큼 따라 오를 수 있을 것으로 예상해야 한다. 이렇게 입지를 이해한 상태가 되면 종목 간 투자의 타이밍을 파악할 수 있다. 발품의 힘이다.

손품에서 자세히 다루지 않은 분양권과 입주권의 입지와 정보를 파악하는 법과 가격 확인 방법을 설명할 테니, 추가로 참고하자.

≫ 분양권 정보 확인하는 법

분양권을 파악하는 방법은 다양하지만, 가장 손쉽게 확인 할 수 있는 방법은 호갱노노 앱이다. 해당 지역의 지도를 찾아보면 기축들은 청색으로 표기 되고, 분양권은 빨간색으로 단지 위에 아이콘이 뜬다. 클릭하면 분양이 최근에 이루어졌다면 일반 분양가 및 청약 경쟁률까지 모두 확인할 수 있다. 두 번째는 네이버 부동산에서 '아파트, 오피스텔' 선택 후 상부 탭에서 '아파트분양권'을 클릭하면 지도에서 분양권 단지들만 표기가 된다. 전매제한 유무 확인부터 해당 단지의 세대수, 층, 준공예상일, 건설사 정보 등의 내용이 확인될 뿐만 아니라 매물들의 각 동, 층과 P를 포함한 현재 나와 있는 매물의 가격을 직접 확인 할 수 있다.

≫ 시세 확인하는 법

분양권은 현재 나온 가격은 확인이 빠르지만, 과거 시세가 얼마였는지, 거래가 어떻게 진행됐는지 판단이 안 된다. 그래서 모니터링이 꼭 필요하다. 입주할 권리를 주고 파는 형태상 다양한 거래가 발생되기 때문이다. 정책에 따라 전매 제한인 경우 입주권만 거래 가능하기도 하고, 엄연히 불법이지만 다운 거래부터, 손피 거래로 현장마다 분위기가 제각각이다. 게다가 분양 계약 시 옵션 선택에 따라 P도 다르다. 특히 층별, 동별 프리미엄은 명백히 차이가 난다. 그래서 공인중개소에 방문하여 실제 거래 가격을 추가로 확인 해보는 것이 중요하다.

먼저 인터넷으로 지난 거래 분양권 내역을 확실하게 찾아보는 방법이다. 국토교통부 실거래가 공개 시스템이 가장 확실하다 (http://rt.molit.go.kr/). 어차피 다른 프롭테크 사이트도 이 정보를 긁어 가니까 말이다. 접속 후 분양/입주권 탭을 선택하고 자신이 검색하는 곳의 지역을 선택하자. 현재 분양이 활발히 진행되고 있는 경기도 '광명시-광명동'으로 검색해 보자. 해당 지역의 준공전/준공후 분양권의 지난 거래 내역을 확인 할 수 있다. 지난 내역들을 확인 해보면서 시세가 움직이고 있는지 직접 확인해 볼 수 있다.

만약 시세가 멈춰 있다가 2개월 전부터 갑자기 거래량이 늘어

국토교통부 실거래가 공개 시스템

나고 거래가 될 때마다 거래 체결액이 올라간다면 무엇을 의미하는 것일까? 시세가 움직이고 있다는 뜻이다. 왜 움직이는 것일까? 이를 위해서는 빨리 해당 단지와 유사한 입지의 기축 시세를 확인해 보아야 한다. 그러면 답을 찾을 수 있을 것이다.

만약 기축이 먼저 움직였다면 그 훈풍이 당연히 옆 단지로 다 퍼지게 될 것이다. 만약 움직이지 않았다면 반드시 따라서 움직이게 된다. 게다가 입지가 좋은 곳이 먼저 움직인다면 입지가 조금 부족한 지역까지 움직일 가능성이 열린다. 그렇기에 분양권은 일반 분양가만 생각하지 말고 눈에 보이지 않는 프리미엄을 확인해야 한다. 이렇게 숨어진 가격과 입지를 알고 있는 사람과 모르는 사람의 차이는 매우 크다. 보통 사람들은 눈에 보이지 않으면 생각 자체를 하지 않는다. 결국 정보의 비대칭은 돈이 되고, 우리는 숨어 있는 정보를 파악하는 순간 고수의 영역으로 들어가게 되는 것이다.

≫ 재개발, 재건축 정보 확인하는 법

재개발, 재건축의 구역 및 단지 정보를 확인하기 가장 효율적인 앱 및 사이트는 리치고다. 우측 '호재' 탭에서 '재개발&재건축'을 클릭하면 구역 및 단지들의 입지를 볼 수 있다. 게다가 해당 단지의 진행 단계부터 시공사, 세대수까지 모두 확인이 가능하다.

재개발, 재건축 정보 확인 (출처: 리치고)

≫ 재개발, 재건축 시세 확인하는 법

네이버 부동산에서 '아파트, 오피스텔' 탭에서 재건축 탭과 재개발 탭이 있다. 선택 후 해당 단지의 매물 가격을 확인 할 수 있는데, 실제 매수 가격과 해당 매물의 최종 '매수가'는 상이하다. 이 부분은 정비사업에 대한 이해와 공부가 추가로 필요하므로 깊게 다루지는 않지만, 부동산 중개소에 연락해서 최종 '총매수가'를 확인할 수 있다.

재개발, 재건축 같은 경우에는 초보자에겐 복잡한 계산 때문에 해당 매물을 다루는 부동산 블로그나 사이트에 자세한 가격 분석을 해놓는 경우가 많다. 매물의 가격을 디테일하게 찾아보려면 네이버에 '해당 단지+매물'이라고 검색하면 물건을 가진 부동산 소장님이 올려놓은 정보들을 쉽게 찾아볼 수 있다. 단번에 이해가 되지 않는다면 소장님께 현재 '투자금' 말고 총 '매수원가'를 계산해달라고 요청하자. 쉽게 말하면 "소장님 그럼 제가 총 얼마를 주고 사는 거예요?"라고 물으면 된다.

정비사업은 '조합원 분양가(권리가+조합원 분담금)+프리미엄'이 최종 매수가가 된다. 이 매수원가가 기존 기축보다 싸면 쌀수록 좋은 것이다. 부동산의 기본 룰은 싸게 사서 비싸게 파는 것이기 때문이다 (매수가=매수원가=총비용=총 매입비 등).

부동산 투자의 고수가 되려면 상상을 많이 하자. 빈 땅에 아파

OOO 구역 재개발 25평형 매물	
매매가격	4억 7,000만 원
권리가액	1억 2,000만 원
프리미엄	3억 5,000만 원
이주비 대출	6,000만 원
조합원분양가	5억 원
조합원 분담금	3억 8,000만 원
실투자금	4억 1,000만 원
총매수가 (조합원분양가+P)	8억 5,000만 원

트가 지어지고 나면 바뀔 단지의 모습을 상상해야 한다. 나아가 주변 환경 개선과 사람들이 새로 입주해 활성화된 모습까지 상상해 보자. 처음에는 상상이 쉽지 않을 것이다. 이유는 상상은 무에서 유를 만드는 것이 아니라, 경험해 보았던 것의 데자뷔 같은 것이기 때문이다.

이를 위해서라도 다양한 지역의 임장이 필수다. 지금 한창 공사 중이라 흙먼지만 날리는 신도시 모습을 많이 보자. 또, 이미 개발이 끝나 완성된 신도시도 돌아보자. 이렇게 다양한 지역들을 방문하고 임장한 결과들이 모였을 때 빈 땅을 보고서도 입지가 비교되고 이해가 될 순간이 반드시 올 것이다.

자, 이제 스스로 경험한 발품의 결과를 들고 부동산 중개소에 방문하러 떠나자.

5장

내 집처럼
편안한
중개소 방문,
부동산 컨택법

1

부동산 방문 울렁증
이것으로 해결 끝!

》 소장님은 나쁜 사람이 아니다

"어서 와. 부동산 방문은 처음이지?"

부동산을 떠올리면 어딘지 거만한 표정을 지우며 얼마 들고 왔어?라고 묻는 듯한 얼굴이 떠오르는가? 걱정 말자. 부동산 소장님은 우리들을 해치지 않는다. 그럼에도 불구하고 부동산 문이 왜 그리도 무겁게 느껴질까? 초보 투자자들은 부동산 문 여는 게 처음에는 너무 겁나고 무섭다. 부동산 중개소 방문을 쉽게 하려면 부동산 생태계와 중개소장님에 대한 이해가 선행되어야 한다. 그러면 마음이 편해진다. 소장님은 특별한 존재가 아니다. 그저 매수자와 매도자를 연결하는 중개인. 즉 중간 사람이라는 뜻이다. 매수하려는 물건의 소유주도 아니고, 거래할 대상물에 대한 아무런 권리가 없는 중간 다리이자, 항상 중립기어 상태로 거래를 성사하기 위해 일하는 사람이다. 그분들에게는 단 하나의 목표가 있다. 그것은 바로 거래다.

매수, 매도 거래를 통해 발생하는 부동산 거래수수료는 이들의 밥줄과 같다. 그래서 사실 부동산 가격이 오르거나 떨어지거나 그분들께는 큰 문제가 없다. 소장님들의 가장 큰 고민은 바로 '거래 실종'이다. 거래가 일어나지 않으면 부동산은 폐업하게 된다. 부동산에 들어가는 이유가 거래를 하기 위함인데, 중간에 있는 사람을 겁낼 필요가 있을까? 그들은 다리 역할을 할 뿐, 부동산 매물은 그분의 소유가 아니다. 그저 중간에서 거래를 돕는 사람이니까 부담스러워하지 않아도 된다.

그럼에도 불구하고 부동산 문턱이 높아보였던 이유는, 거래가 목적이 아니라 정보 취득. 즉 공부하러 들어가기 때문이었을 가능성이 높다. 내 부동산 매물을 팔거나 사려는 정확한 목적이 있으면 전혀 두렵지 않을 테지만, 뭔가 살 것도 아닌데 물어보러 들어가니 마음이 약간 불편했던 것이다. 그래도 괜찮다. 옷 가게 들러서 한번 입어 보면 무조건 사야 할까? 차를 구매하러 가서 시승해 보면 무조건 사는가? 부동산도 마찬가지다. 내가 찾는 가격대의 매물과 컨디션이 맞을 때 구입하는 것이다. 부동산에 들르는 것을 무서워하지 말자. 그냥 편의점에 들어간다고 생각하면 마음이 편안해질 것이다.

≫ 소장님이 나에게만 유독 까칠했던 이유

꼭 부동산에 들어가면 소장님이 까칠해진다. 앉으라고도 하지 않고, 와도 본 체도 하지 않는다. 혹은 오자마자 얼마 있냐고 묻는다. 기분이 팍 상한다. 이런 분위기를 겪어 본 적 있는가? 혹시 우리가 돈이 없어 보이기 때문일까? 전혀 그렇지 않다. 결론부터 말하면 소장님들은 거래를 뺏길까 봐 혹은 자신의 시간이 낭비될까 봐 걱정돼서 그러는 것이다. 소장님들이 제일 싫어하는 것이 바로 자신의 거래를 뺏기는 것이다. 한국의 부동산 중개 시장은 경쟁이 엄청 치열하다. 워낙 중개업소가 많기 때문이다. 언제 어디서 계약이 되고 거래가 되는지 쥐도 새도 모르게 처리하고 싶은 것이 바로 중개소 소장님들 입장이다. 하지만 현실은 호락호락하지 않다. 그래서 각 중개소마다 매물이 나와 있는지 없는지 파악도 하고, 결국 같은 매물을 가지고 경쟁하게 된다. 심하게는 그 해당 집주인에게 연락까지 해서 매물 내놔도 되느냐고 묻기도 한다. 혹은 자신의 매물인데 만약 다른 사무실에서 중개 계약했다고 소문이 나기 시작하면 자기가 계약 못 한 것에 앙심을 품고 거래 당사자를 훼방 놓기도 한다. 그래서 뭔가 거래를 안 할 것 같거나, 매물을 염탐하러 온 사람으로 보이면 경계하고 까칠해지는 것이다.

근데 부동산 업계가 왜 이렇게 된 걸까? 부동산 중개 시장에서는 확실한 맛집이 없기 때문이다. 이 말은 중개를 잘한다는, 일종의 '퀄리티'가 이 시장에는 존재하지 않는다는 말이다. 어느 소장님이 '난 중개를 겁나 잘해! 그러니까 월세 아껴서 2층이나 3층으로 올라가자!' 이러면 어떻게 될까? 100%의 확률로 즉시 망한다. 부동산 중개 시장이 그러하다. 예로 들어서 미국처럼 단독 주택도 많고 조건이 까다롭고 정말 중개하기 어려운 곳은 3층 아니라 지하에 있어도 고수를 알아보고 "제발 제 집을 팔아 주십시오" 하고 찾아올지도 모른다. 허나 한국 부동산 시장. 특히 아파트 시장은 평준화되어 있기에 1년 차가 하든 10년 차가 하든 계약에 큰 차이가 없다. 결국 그냥 가장 눈에 띄는 가게에서 손님을 잘 잡는 게 가장 경쟁력 있는 업종이 바로 중개소라는 경제 원리가 있다.

상가들의 1층에 화려한 간판을 단 중개소가 포진한 이유가 바로 그것이다. 1층 비싼 월세를 내면서 중개업을 하고 있는데, 나의 매물을 염탐하러 온 사람이나 정보만 쏙 빼가려는 사람에게 시간을 내어주는 일은 시간 낭비라고 생각하는 것이다. 그래서 항상 우리에게 까칠한 표정으로 묻는다. "얼마 있으신데요?" 이 물음으로 1차적으로 사람을 거른다. 거래할 것 같은 사람을 먼저 확인하는 절차다. 그럴 때 기분 나빠하지 말고 금액을 당당하게 말하자. 돈이 없고 잠시 공부하러 온 것이라면 그냥 크게 불러도 된다. 자신 있게 말이다.

　가끔 투자자를 싫어하시는 소장님도 계신다. 하지만 절대 기죽지 말자. 한 번도 투자를 하지 않은 사람은 있어도 딱 한 번 투자한 사람은 드물다. 투자자들은 '투자의 맛'을 경험했기 때문에 계속해서 투자를 하게 된다. 투자자들은 구매 결정하는 과정이 일반인에 비해서 조금 더 빠르다. 집을 결정하는 기준도 실거주보다 여유롭다. 집 내부 인테리어 가지고 트집잡거나 물고 늘어지지 않는다. 그냥 자신의 투자금으로 깨끗하게 수리하여 다시 임대를 내놓는 것에 집중하니까 말이다. 지금 투자자는 하나의 구매층으로 자리 잡았다. 투자자 특성상 공동 투자하거나, 커뮤니티에서 만난 사람들끼리 오는 경우에는 한 번의 안내로 괜찮은 소장님이라고 소문이 투자자들 사이에 퍼지고, 여러 건의 계약을 만들어 낼 수도 있다. 결국 중개는 손님이 찾아와야 거래를 할 수 있고, 아무리 싸고 좋은 물건이 있어도 사고파는 사람이 있어야 거래가 가능하다. 투자자도 손님이고 중개의 핵심이기에 주눅 들지 않아도 된다.

　그럼에도 진짜 우리를 무시하는 중개사님이 계실지도 모른다. 그 중개사분이 잘못됐다. 그냥 영업을 못 하는 부동산이다. 우리가 잘못해서가 아니다. 세상에는 많은 사람들이 있다. 부동산 소장님도 그중 한 명일뿐이다. 그냥 나와서 다른 부동산으로 들어가면 된다. 편의점 들어가서 본인이 원하는 음료가 없으면 다른 편의점을 들어가는 것처럼. 중개소는 셀 수 없을 만큼 많다. 실망하지 말고 그냥 다른 부동산에 방문하면 친절하고 영업 잘하는 소장님이 따뜻한 음료까지 대접해 줄 것이다. 시쳇말로 들어갈 때부터 쫄지 말자. 우리는 매수매도할 미래의 고객이니 말이다.

≫ 소장님의 마음을 확 사로잡으려면

소장님들 입장도 한번 생각해 보자. 소장님들도 힘들 것이다. 이 손님이 진짜 집을 사러 오는 손님인지 아니면 다른 부동산 관계자 혹은 물건만 구경하러 온 손님인지 한 번에 파악이 힘들다. 그래서 이것을 파악하기 위해서 소장님들은 우리에게 질문을 던진다. 질문의 난이도는 단계 별로 다르긴 하지만 거의 다음 범주 안에 들어간다.

1. 무엇 때문에 오셨어요?
방문 목적을 말한다. 실거주인지, 투자자인지, 임차인인지 자신의 포지션을 정해야 한다. 그저 시황을 파악하고 공부하러 들렀다면 하나의 포지션을 정해서 먼저 말하자. 투자자이고, 투자물건을 매수하고 싶어서 왔다고 하면 된다.

2. 가용 금액이 어떻게 되세요?

결국 거래를 하려면 돈에 맞는 물건을 찾아야 한다. 2억의 가용 금액이 있는데, 10억의 매물을 소개해 줄 수 없다. 확실히 가격이 정해져 있으면 그에 맞는 매물을 추리기 위해 물어보는 것이다. 그렇다고 "저는 돈이 많아서… 있는 거 다 보여주세요"라고 하면 부동산 소장님은 아마 바로 공부하러 온걸 눈치채실 것이다.

3. 혹시 이사나 잔금 일자는 언제까지 가능하세요?

부동산 거래는 쌍방 합의가 이루어져야 하는 거래다. 매수자와 매도자가 시간을 맞추어서 돈을 정확하게 주고받는 일정이 정해져야 한다. 매도자가 한 달 안에 잔금을 쳐야 할 급매도 있고, 6개월 뒤 잔금을 쳐야 할 여유 있는 매물도 있다. 그래서 소장님은 이 질문을 통해 잔금 일자에 맞는 매물을 제안할 뿐만 아니라 계획 없이 공부하러 온 사람들을 필터링해 보는 질문으로 많이 사용한다. 위와 같은 질문에 가짜 손님은 당황하면서 엉뚱한 말을 하게 된다. 이런 사람들은 보통 금액은 충분하고 잔금이나 이사 일자도 언제든 된다고 대답한다. 바로 공부하러 온 게 티 나는 상황이다. 소장님들은 이때 대충 손님을 파악하게 된다.

소장님의 친절한 정보를 얻기 위해서는 위 세 가지 질문에 정확하게 답하면 된다. 내가 원하는 물건은 무엇인지? 가용 금액이 얼마나 되는지? 언제 거래가 가능한지? 미리 마음속으로 정하고 방문해서 차분히 말씀드리면, 소장님의 태도가 적극적으로 달라질 것이다. 이 손님은 진짜 매수할 손님이겠구나 생각해서 좋은 정보들이 나오기 시작하는 것이다. 흔히, 이 모든 것을 한 번에 정리할 마법의 질문이 있기도 하다. "급매(급하게 매도할 물건) 있나요?" 이 질문은 당장 싸게 살 매물이 있으면 바로 매수가 가능하다고 말하는 것과 같다. 전화로 매물을 물어보는 것보다 현장을 방문하는 게 적극적인 매수자로 보이기 위한 확실한 방법이다. "멀리 지방에서 왔는데 혹시 급매 있나요?"라고 물으면 아마 소장님 눈빛이 달라질 것이다.

부동산 소장님들이 좋아하는 손님의 유형이 하나 또 있다. 바로 돈은 많고 정보는 부족한 고객이다. 정보와 지식이 너무 많으면 깐깐하고 이것도 재고 저것도 재다가 결국 거래가 이루어지지 않는다. 결국 거래를 완만히 진행할 것처럼 보이는 타입이 소장님이 제일 좋아하는 유형이다.

중개는 손님이 찾아와야 거래를 할 수 있다. 소장님 의지대로 되는 것이 아니다. 아무리 싸고 좋은 물건이 있어도 사는 사람이 있어야지 거래가 되기 때문이다. 결국 사겠다는 사람은 소장님에게 가장 소중한 고객이 된다. 항상 좋은 매물이 있으면 사겠다는 마음을 지니고 접근해야 부동산 방문 시 대접받게 된다는 것을 잊지 말자.

돈이 되는 부동산 임장 시크릿

» 부동산 방문 팁

정말로 부동산 방문이 어렵다면?

다수의 선배 투자자가 많이 들어가 보면 쉬워진다고 이야기한다. 틀린 말이 하나도 없다. 하지만, 초보자의 입장에서는 여전히 문은 무거운 게 사실이다.

쉽게 부동산을 방문하는 방법은 손님이 없을 때 방문하는 것이다. 계약이 많은 현장에 들어가서 브리핑해달라고 하는 것 자체가 무리수다. 한산한 부동산부터 모색하자(물론 계약은 사람이 많고 일 잘하는 부동산에서 하도록 하자). 그래도 정말 소심해 부동산 문의조차 어렵다면, 커피 한잔이나 박카스 한 박스를 사들고 소장님을 방문하자. 이런저런 사유로 공부하러 왔다고 허심탄회하게 자신의 입장을 말해도 좋다. 지방 임장을 갔다가 집으로 출발하기 전 마지막으로 잠깐 들린 부동산 소장님께 편의점에서 산 1+1 커피를 드시라고 나눠 드렸는데, 그대로 1시간을 앉아 있다가 나왔다. 정말 쉴 새 없이 중요한 정보들을 마구 내어 주셨다. 매물 리스트까지 출력해서 다 챙겨 주셨다.

과거의 부동산은 사실 동네의 사랑방과 같았다. 소장님이 동네에 이런저런 도우미 역할을 하기도 했고, '무엇이든 물어보세요' 팻말을 붙여 놓기도 했다. 부동산은 어려운 존재가 아니다. 발에 채는 만큼 많은 것이 부동산이고, 부동산 소장님도 사람이다. 결국 사람 대 사람은 통하는 법이니까. 무서워하지 말자. 그리고 이 무서움을 시나브로 정복하게 되어 있다. 결국 한 번이 두 번이 되고, 두 번이 열 번이 되고 곧 소장님과 점심을 나란히 먹고 있을 당신의 미래의 모습이 그려진다.

전화로 먼저 문의하고 방문하자.

현장 임장 간 김에 아무 부동산 문을 열고 들어가서 매물부터 물으면 소장님도 적지 않게 당황한다. 왜냐면 해당 손님의 정보가 없었으므로 아무런 준비가 되지 않았기 때문이다. 부동산 중개소 장님은 AI 기계가 아니기 때문에 원하는 매물이 1초 만에 바로 나오지 않는다. 부동산 임장을 돌면서 최소 1시간 전에 미리 방문 예약을 해 놓고 가자.

"소장님 지금 현장에 와있는데 매물 정리 해주시면 제가 1시간 정도 뒤에 찾아뵙겠습니다."

이미 부동산 중개소에 도착하는 순간 마실 차와 매물들이 정리되어 소개될 것이다. 그리고 차분하게 소개하는 부동산 소장님은 덤이다. 그리고 조금더 적극적인 성향의 매수인이 되려면 멀리 지방에서 찾아왔다든지, 멀리서 왔기에 오늘 꼭 좋은 매물을 받고 싶다고 어필해 보자.

2
부동산 중개소에서 돈이 되는 정보 찾는 법

손품과 발품은 나만의 가설을 세워가는 과정이다. 이미 나와 있는 데이터를 수집하고 정리하는 것이 손품이고, 이 손품을 바탕으로 현장에서 직접 몸으로 체크하고 점검하는 것이 발품이다. 이렇게 가설을 세우고 최종 점검하러 가는 곳이 바로 부동산 중개소다. 왜냐면 이곳에는 지역의 정보와 실제 매물의 가격 변화, 매수-매도의 심리적 동향, 그리고 이것을 조율하는 중개소장님들의 심리와 태도까지도 직접 느낄 수 있기 때문이다. 실제 거래는 온라인 클릭만으로 이루어지지 않는다. 현장에서 중개소장님을 통해 거래가 이루어진다. 결국 거래의 현장에서 내가 세운 가설을 검증하고 결론을 지으러 가는 것이다.

부동산 방문을 소홀히 하는 경향이 있는데, 나만의 가설 없이 남이 만들어 놓은 해답을 보고 빠른 길만 찾다 보면 임장은 그저 산책 혹은 국토대장정에 불과하게 된다. 남의 생각만 좇다가는 스스로 생각하지 못한다. 자신의 가설을 검증하고 실제 거래의 현장을 몸으로 느끼기 위해 부동산 중개소의 문을 밀고 들어가야 한다. 지금 문을 밀지 않으면 매수 버튼을 누르기 전 또 남에게 의지하게 되기 때문이다. 남을 의지한다는 말은 자신의 선택을 의심하는 일이다. 결국 나만의 해답지의 완성은 현장에서 스스로 만드는 것이다. 그럼 지금부터 부동산 중개소 방문을 통해 얻을 수 있는 정보를 알아보자.

≫ 1단계: 지역 정보

부동산은 그 지역에 오래 거주하시며 능통한 소장님에게 디테일한 정보를 습득할 수 있는 곳이다. 그러나 손품, 발품 없이 먼저 부동산을 방문한다면 그리 좋은 효과를 보지 못한다. 결국 앞서 설명한 손품과 발품이 준비된 상태로 방문해서 자신이 습득한 정보를 현장에서 체크하고 부족한 부분을 채워 넣는 것이 지역 정보를 얻기 위한 부동산 방문이 된다.

다짜고짜 부동산 방문 후 브리핑을 해달라는 갑질 아닌 갑질을 하는 경우가 있는데 부동산 소장님 입장에서는 불쾌하게 느껴지기도 할 것이다. 소장님은 혹시 미래의 고객이 될 수 있으니 울며 겨자먹기식으로 브리핑을 하는 경우가 있는데 임장 고수들은 알아서 소장님 입에서 먼저 지역 브리핑이 나오게 만든다. 앞서 설명한 저는 '돈이 있는데 정보가 부족하다'가 가장 중요한 컨셉이다. 그리고 이 지역에 살지 않고 타 지역에 살지만 관심이 있어 방문하게 됐다는 인상이 가장 중요하다.

내 투자자 지인은 들어가자마자 "지방 어디서 왔습니다. 투자금 3억이 있어요. 좋은 매물 추천 좀 해주세요"라고 공격적으로 시작한다. 물론 이 방법이 공식은 아니지만, 거두절미하고 멀리서 찾아올 만큼 매수에 적극적이며, 투자금이 많으니 매물 나와 있는 것들 다 보여달라고 어필하고 시작하는 것이다.

사람과 하는 일이기에 내 의사는 전달하되 부드럽고 간결하게 응대하자. 그럼에도 불구하고 반응이 없으면? 다른 부동산을 가면 된다. 앞서 몇 번이고 설명했지만, 부동산 중개업은 경쟁력이 떨어지는 시장이다. 우리는 고객이고 우리에게는 선택만 있을 뿐이다. 주의할 것이 있는데, 소장님은 그 지역 '동네 전문가'이다. 해당 거래 반경이 몇 개 동 혹은 구를 벗어나는 경우는 드물다. 하물며 자신의 단지만 주력으로 하는 소장님도 있다. 그들도 사람이기에 자신이 속한 단지의 매물을 더 추천하고 선호하는 약간의 편향이 있다. "다른 사람의 자산을 평가하거나 절하하는 건 아니지만… 우리 단지가 이런 면에서 옆 단지보다 우수하다." 이렇게 운을 뗄 때는 경우도 있다.

또한 분양하는 단지에 대한 평가가 엇갈리기도 한다. 결국 양쪽 의견을 다 들어봐야 한다. 한 지역의 대표 부동산 1개만 방문하거나 정보를 취합해서는 우리도 편향에 빠질 수 있다. 결론은 부동산 소장님의 말을 모두 신뢰할 필요는 없다는 것이다. 자신의 인사이트를 가지고 잘 필터링해서 들어야 한다.

한 번은 분양권 매수 수요를 확인하기 위하여 유사 지역의 2곳의 부동산을 컨택한 적이 있는데, 두 부동산의 말이 달랐다.

"거긴 초피(초기 프리미엄)가 붙지 않을 거예요. 여기가 더 좋죠."

당당하게 말하던 소장님은 보기 좋게 틀렸다. 결국 자신이 거래하기 위한 매물을 더 치켜세우는 법이다. 팔은 안으로 굽는다고 하는데 중개인도 동일하다. 결국 실수요자 혹은 투자자는 정보를 취합해서 우리의 판단을 위한 거름으로 활용해야 한다.

가끔 반문하는 것도 좋다. "소장님 저는 이런 면에서는 이 단지가 좋아 보이는데, 실수요자들은 그렇지 않은가 보네요?" 부동산 방문은 편안하게 앉아서 정보를 떠먹으러 가는 게 아니라, 현장에서 얻은 자신의 정보를 확인하고 검증받으러 가는 것이다. 더불어 누락된 정보를 채우고, 잘못된 정보가 있다면 수정하면서 그 지역의 실거주자보다 더 확실히 지역을 파악하는 지역 전문가가 될 수 있다.

가장 중요한 것은 시세정보를 파악하는 일이다. "이미 네이버 부동산에 가격은 다 떠 있는데요?"라고 반문하지만 사실 그것은 호가일 뿐이다. 호가는 매도자가 받고 싶어 부른 가격이다. 그리고 실제로 매수자가 그 가격을 수긍하고 거래가 체결되어야 '실거래가'로 등록이 된다. 그리고 이 실거래가 된 점들의 기준으로 시세 현장 추세를 반영하여 KB부동산에서 KB시세가 만들어 진다. KB시세는 은행에서 이 부동산을 담보로 주택담보대출을 실행할 것을 가정한다. 은행은 절대 손해보는 장사를 하지 않으니 다소 보수적인 성향이 있다. 실거래가 확실히 체결되어야 움직이는 경향을 보인다.

결국 실거래가는 매도, 매수자가 남긴 정확한 발자국이고 호가는 시장의 심리 추세를 파악할 수 있는 자료인 것이다. 하지만 현장에 나가보면 소장님들은 정확히 안다. 호가는 높지만, 거래가 안된다는 것이나, 급매만 잘 나가는 시장 상황을 말이다. 그리고 과거 하락장 초입 당시 거래가 잘 안되고 가격이 점진적으로 빠지고 있다는 것을 동물같이 느낀다. 자신의 본업이자, 밥그릇이기 때문에 몸으로 시세를 느끼고 매수, 매도자의 심리를 그대로 받아들인다. 결국 진짜 체결이 가능한 가격을 소장님은 정확히 알고 있지만, 함부로 발설하지 않는다. 왜냐면 누군가의 소중한 자산이기에 쉽게 가격을 논할 수 없는 것이다. 무조건 가격을 낮추다가는 가끔 동네에서 소문이 나고 안 좋은 평판을 얻게 될지도 모르니 말이다. 그래서 시장을 자주 들여다보고 현장에서 직접 시세를 느끼고 정하는 일이 중요하다.

시장에 나가보면 가격이 층별, 동별 정말 천차만별이다. 심한 곳은 뷰에 대한 프리미엄을 제외하고서도 2억~3억 원까지 차이가 나기도 한다. 가끔 최고가에 내놓은 매물은 팔 의지가 없다는 뜻이다. 소장님들도 가끔 반문하신다. "이게 팔리겠어요?" 결국 마음이 느긋하고 싼 가격에는 팔 생각이 없는 매도자들도 있다. 그런 매물은 사실 수치상으로 호가 기준이 높기에 이 가격을 그대로 믿어서는 정확한 시세 파악이 되지 않는다. 결국 시세라는 말은 실거래가와 호가 사이 어딘가에 위치하고 있다는 뜻이다. 그 속에 매도자와 매수자의 심리가 녹아 있다.

또한 실거래가의 함정이 있다. 모든 부동산 거래에는 사연이 존재한다. 그냥 사고파는 단순 거래도 있지만, 세금을 내야 해서 어쩔 수 없이 팔아야 하는 경우, 임대인의 퇴거로 어쩔 수 없이 급매로 내놓는 경우, 전세를 안고 있기에 싸게 내놓는 경우, 이혼으로 싼값에 나온 경우, 부모의 사망으로 상속받은 집을 빠르게 처분하는 경우, 세금 문제로 법인에서 개인으로 넘기는 거래의 경우. 정말 셀 수 없이 많은 사연이 있다. 결국 데이터 상으로는 객관적인 실거래가를 확인하지만, 모든 실거래가에는 사연이 있기에 임장 나간 현장에서 정확한 시장의 상황을 파악할 수 있는 것이다.

또한 인근 단지에서도 미세한 선호도에 따라 가격이 반영이 된다. 광폭 베란다, 현관 앞 전실의 유무, 하물며 같은 단지 내 동별 선호 초등학교 배정에 따라 미세하게 가격이 반영된다. 확실한 것은 가격은 하나이지만 가격으로부터 얻을 수 있는 정보는 무궁무진하다는 것이다. 하나씩 알아 가는 정보들이 쌓이면 이제 실거래를 보고서도 많은 유추가 가능하게 된다.

≫ 3단계: 거래량 정보

사고파는 거래량이 확보되어야, 정확한 시세 파악이 가능하다. 그리고 거래량이 부동산 가격의 상승의 토대다. 거래량은 매도, 매수자들의 심리를 반영한다. 가격은 매도자와 매수자의 줄다리기다. 줄다리기 중간에 묶어 놓은 리본의 위치가 바로 실거래가인 것이다. 양쪽에서 서로 당기는 힘이 팽팽하면 지금은 움직이지 않는 것처럼 보이지만, 언젠가는 한쪽으로 쏠린다. 하지만 양쪽에서 아무도 당기지 않으면 줄다리기 자체를 진행할 수가 없는 것과 같다. 가격은 움직이지 않아도, 누가 더 힘이 센지 현장을 나가보면 알 수 있다.

가끔 상담을 하러 부동산에 앉아 있으면 쉴 새 없이 문의 전화가 오는 부동산 현장도 있고, 모든 동네에 상담 테이블마다 손님들이 가득 있는 현장도 있다. 이런 현장에서는 굳이 묻지 않아도 몸으로 먼저 느끼게 되는 것이 거래량과 심리다. 반대로 조용한 부동산 현장도 있다. 현장에서 직접 느껴지지 않으면 부동산 소장님을 붙잡고 물어보면 분위기를 파악하는데 도움이 된다.

- 요즘 거래 문의가 많이 오나요? 어때요?
- 실거주자들이 많이 사나요? 투자자가 많이 사나요?
- 요즘 왜 거래가 갑자기 늘어난 거예요? 이유가 특별히 있나요?
- 투자자들은 이곳 매매 후 어디로 많이 보러 가나요?

» 4단계: 이슈 체크

현장의 이슈를 체크해야 한다. 먼저 주변 호재들에 대한 이슈가 있는지부터 확인해 보자. 새로 진행되는 지하철 및 교통 개선으로 인한 이슈가 있는지, 주변 도시정비사업(재개발, 재건축)의 단계 변화에 따라 심리적 영향이 있는지, 쇼핑몰이나 편의시설 확충에 따른 수요의 변화가 있는지 확인해 볼 수 있다.

정부의 부동산 규제에 따른 이슈도 있을 수 있다. 해당 지역의 부동산 규제 및 해제 여부에 따른 변화, 대출 규제나 상품을 통해 특정 가격대의 매물 거래, 정부에서 추진하는 사업이나 일자리에 대한 변화, 교육 정책 변화에 따른 학원가의 분위기나 학부모들의 성향 파악까지도 실제 현장의 분위기를 파악하자.

부동산 이슈는 늘 있는 편이다. 역전세 및 전세 사기 등 특정 이슈가 문제가 될 수 있고 주변 유해 시설 때문에 지역민과 갈등에 대한 문제도 있다. 소장님은 이슈에 대해 미리 언급하지 않기 때문에 우리가 먼저 소재에 관해 묻고 요즘 현황은 어떠한지 파악하는 습관을 들여야 한다.

- "여기 지하철 개통이 조금 당겨진다던데, 분위기 변화가 좀 있나요?"
- "가까운 분양 현장에서 경쟁률이 잘 나와서 난리던데, 혹시 여기도 사람들이 좀 많이 오나요?"
- "요즘 전세사기 때문에 난리라고 하는데, 이곳에는 큰 문제는 없나요?"
- "여기 최저가 거래가 조금 이상한데 혹시 어떤 사유인지 알고 계세요?"

위와 같은 질문으로 운을 먼저 떼면 자연스럽게 이야기가 연결될 것이다.

≫ 5단계: 매물정보

시세 파악과 지역의 모든 정보가 취합되면 이미 당신은 준지역 전문가가 되었다. 결국 '투자 지역'은 선정되었고 매물의 상세 매

단지	연식	동/층/향	평형	세대수	거주자	매가/전세	투자금	특이사항
○○ 마을 1단지	2010	105동 / 14층 / 남서향	34	1201	집주인	4.3억 / 3억	1.3억	RR 매물. 갈아타기로 인해 4월까지 무조건 잔금 치러야 함.
○○ 마을 1단지	2010	121동 / 2층 / 남서향	33	1201	임차인	3.9억 / 2.9억	1억	중도금 1억을 요구함. 임차용 인테리어 필요함.
○○ 마을 3단지	2014	107동 / 탑층 / 남동향	34	876	집주인	5.2억 / 3.7억	1.5억	비과세 물건으로 호의적이고 가격 네고에 협조적. 집주인 거주로 집 내부 상태 깨끗하므로 추가 인테리어 필요 없음.
○○ 마을 5단지	2015	110동 / 7층 / 남향	29	654	임차인	4.6억 / 3.2억	1.4억	종부세 때문에 5월 말까지 잔금 필요. 임차인이 집을 잘 안 보여줌으로 네고 적극 가능.

물 리스트를 받아 가장 효율성 있는 매물을 추리는 작업을 진행해야 한다. 투자자로서 가장 선호하는 매물은 역시 투자금이 작게 들어가는 매물이다. 매가와 전세가가 딱 달라붙어 내 돈이 많이 들어가지 않고 최상의 효율을 내기 때문이다.

허나 나는 개인적으로 매도를 위해 좋은 RR매물(로얄동, 로얄층)

을 선호하는 편이다. 물론 시장이 좋아서 공격적일 포지션일 때는 저층, 탑층도 좋겠지만 언제나 옳은 매물은 RR 매물이다. 수요가 늘 있기 때문이다. 거래량이 끊기고, 급매가 속출하는 시장에도 매도를 위해 가장 빠르게 체결되는 것도 RR 매물이다. 또한 시세 분출하는 상승장에서도 언제나 RR은 선호 매물이 된다. 결국 시장은 희소성을 기반으로 하며 안정적인 투자와 매도를 수월하게 하기 위해서는 RR이 절대적이다. 물론 상대적으로 가격이 비싸다는 것은 단점이지만, 개인의 경험상 항상 좋은 결과로 보답한 것은 바로 RR이기에 강력하게 추천하는 바이다.

≫ 6단계: 소장님은 나의 보물 리스트

지역 분석과 입지가 머릿속에 들어오고, 시세 파악까지 완벽히 됐다면 결국 내가 준비된 시점에 거래만 진행하면 된다. 현장에 소장님을 미리 컨택해 놓는 일은 나만의 지역 안테나를 세워 놓는 일이다. 가끔 안부도 묻고, 정보도 문의드리자. 뉴스에 호재가 터진다면 빠르게 연락드려서 매물을 취합할 수도 있다. 매번 거래 없이 연락하는 경우라면 간단히 기프티콘을 쏴주자. "내 자식도 안 주는 선물을 받아보네요. 너무 감사해요" 뜬금없이 고마워하는 소장님들은 반드시 보답하는 경우가 많았다.

시장에 감정은 없지만, 결국 거래는 사람이 하는 것이다. 소장님은 거래를 진행하는 협력자다. 투자자 혼자서는 절대 거래할 수가 없다. AI가 발달하면서 부동산 중개인이 없어질 것이라는 소리는 부동산 투자를 안 해본 사람들이 하는 소리다. 매도인과 매수인의 감정에 따라 작게는 몇백에서 몇천이 왔다 갔다 한다. 거래를 자주 해보지 않은 사람은 가격을 조율하며 밀고 당기는 과정이 얼마나 숨 막히는지 모른다. 요즘 부동산 소장님들은 온갖 서비스를 제공한다. 세입자 응대부터 관리비 수납까지 도와주고, 집에 문제가 생기면 직접 문제도 처리해 주고, 도배, 장판, 인테리어 정보까지 알려주신다. 모든 소장님이 그렇다는 것은 아니지만 신뢰가 쌓인 매수자는 충분히 가능하다.

우리는 매물을 구하러 현장에 나가는 것은 맞으나 결국 응대하는 것은 사람이다. 스마트하고 일 잘하는 소장님을 알아 놓는 것도 우리의 보물 리스트인 것이다. 마치 지역에 빠른 정보를 수신하는 안테나를 심어 놓는 것과 같다. 막상 부동산 중개소에 들어가 소장님과 이야기를 나누다 보면, 준비해 갔던 질문들을 까맣게 기억에서 지워버리는 경우가 있다. 그래서 먼저 물어봐야 할 부동산 질문지 리스트를 간략히 정리하였다.

- 해당 단지 매매가/전세가는 어떻나요?
- 실투금은 (보수적으로) 얼마나 생각해야 하나요?
- 층, 동, 향에 따라 시세는 어떻게 되나요? (+로열동이 어딘가요)

돈이 되는 부동산 임장 시크릿

- 전세, 매매 거래량은 어떻나요? (작년, 올해 지금 분위기)
- 요즘 매매가 잘되나요?
- 전세 세입자 찾는 데 얼마나 걸릴까요?
- 최근 매매 수요자들이 투자자인지, 실수요자인가요?
- 이 동네 가장 선호하는 아파트(대장)는 어디고 그다음으로는 어디를 선호하나요?
- 이 단지에 수요가 많은/적은 이유는 무엇인가요?
- 주변에 호재가 있나요?
- 혹시 지금 바로 거래 가능한 급매물이 있나요?
- 급매물 사유가 어떻게 되나요?

위 질문지만 머릿속에 있으면, 중개소에서 정보들을 완벽히 숙지하는데 큰 도움이 될 것이다. 만약 이 질문들이 술술 자동으로 나오게 된다면 다음으로 디테일한 질문들도 해볼 수 있다. 다음 질문들은 매수자가 실제로 실거주자라고 생각하고 나의 인사이트로 해당 단지를 파악 후 결론을 내놓고 그걸 확인하는 개념으로 물어보라.

- "제 눈에는 202동이 전망도 트이고, 학교랑 가까워서 로열동 같은데, 이쪽 매물은 잘 안 나오나요? 여기가 로열동 맞나요?"
- "와이프 지인이 이 단지 산다고 해서 와이프가 관심이 많은

데 이 단지를 사람들이 특별히 좋아하는 이유가 있어요?"

- "저 옆의 단지도 공원이랑 가까워서 좋아 보이는데 시세 차이가 많이 나나요? 비슷한가요? 사람들은 어딜 더 좋아해요?"

- "투자자들이 최근에 많이 샀다고 그러던데, 진짜예요? 지금 사도 안 늦은 걸까요? 투자자들은 요즘 어디로 많이 가는지 아세요?"

질문에 답은 없지만, 소장님의 답변에 꼬리에 꼬리를 물고 우리는 정보를 찾을 수 있다.

시간이 없다면?
전화 임장!

» 시간이 없다면 전화 임장으로도 충분하다

나는 매주 발행하는 구독자 4만 명의 부동산 레터를 발간하는 편집장 역을 맡고 있다. 이 뉴스레터에는 전국을 대상으로 해당 지역 조사를 진행하고, 정보를 취합하여 빠른 부동산 시황 소식을 전한다. 매주 부동산 시황 조사가 진행되기에 수많은 부동산 중개소 장님을 접한다. 전국을 베이스로 조사하지만, 모든 현장을 방문하는 것은 물리적으로 불가능하다. 부족한 부분은 직접 전화해 채운다. 매주 전국의 현장에 직접 갈 수 없다면, 전화 임장도 충분히 큰 힘을 발휘한다. 현장에 방문할 시간이 없는 사람들은 전화 임장도 충분하다. 부동산 전화 임장을 통해 현장의 목소리를 들으러 가 보자.

» 지역에 상관없이 전화로 현장 소장님들 만나자

전화 임장 시에는 투자자라고 밝히면 원하는 매매가, 전세가, 거래 동향, 이슈 등을 빠르게 취득할 수 있다. 투자자는 매수와 더불어 세입자를 맞추어야 하기 때문에 한번 전화로 다양하게 문의를 할 수 있다. 다만, 전화 임장이다 보니 항상 예의를 지켜야 한다. 소장님도 한 명의 사업자이며, 무조건 정보를 내어주어야 할 의무는 없다.

"안녕하세요. 소장님. 네이버 부동산 매물 보고 연락드렸어요. (해당 단지) ○○○동 5억 2천 매매 물건 거래되었나요? 거래가 아직 가능한가요?"

매물 중심으로 운을 떼자. 처음부터 시장 분위기나, 다른 소리 하면 바로 소장님의 귀찮음이 몰려올 수도 있다.

"집 상태는 어때요? 이거랑 비슷한 가격에 나온 것도 있으면 추천해 주실 게 있을까요?"

"아. 그 물건은 105동 22층이고요. 비과세 매물이라서 급하게
내놓았어요. 집 상태는 2년 전에 도배, 장판 다 해서 깨끗해요.
다른 물건도 몇 개 있는데 제가 한번 정리해서 보내드릴게요."

이런 형태로 해당 물건에 대해 간략 브리핑이 진행된다. 그리고
나서 바로 이제 본론으로 들어가자.

"저는 사실 실거주는 아니고, 투자로 생각하고 있구요. 요즘 (해
당 단지) 분위기는 어떤가요? 급매는 좀 있나요? 전세는 어때요?"

"뭐 요즘 급매는 다 나갔고, 급매가 나가니깐 내놓던 집주인들
도 호가를 조금 올렸는데, 그 이후에는 거래가 없네요."

혹은 "지금 손님 계셔서, 나중에 연락 드릴게요."

또는 "요즘 통 거래가 없어요."

또는 "투자자들 문의는 오는데 문의만 하고 거래는 없어요."

왜 이런 답이 나올까? 소장님은 손님을 직접 현장에 오게 해야
거래를 끌어낼 수 있기 때문에 직접 오라는 뉘앙스를 풍길 가능성
이 높다. 전화 손님에게 열심히 대답해도, 다른 곳에 가서 물건을
구입하면 부동산 입장에서는 시간 낭비이기 때문이다.

좋은 정보를 얻기 위해서는 해당 매물을 꼭 사겠다는 의지를 표
시하는 것이 중요하다. 그냥 단순히 분위기를 파악하려 전화했다

는 느낌을 주지 말아야 한다. 어떤 물건을 찾는지 구체적으로 말하지 않고 그냥 "투자 물건 찾고 있어요", "급매들 있나요?" 같은 식으로 대화하면 제대로 된 안내를 받을 수 없다. 정보만 얻으러 왔다는 인상을 주면 중개소장님은 매물에 대한 핵심 정보는 말하지 않는다.

"제가 이번 주 금요일에 방문할 건데, 미리 나온 매물들 정리해서 좀 보내주세요. 방문 전에 꼭 미리 연락드리도록 할게요"

이러면 소장님도 적극적으로 변화할 가능성이 높다. 분위기가 전환되면 조금 더 구체적으로 확인해 보면 된다. 내 경험상 여성 소장님이 확실히 친절함을 보였다. 젊고 응답이 빠른 소장님도 좋다. 질문을 던졌을 때 2~3개 답을 해주시는 소장님은 정보를 얻기에 최선이다. 절대 답변 중에 끼어들지 말고 적당한 호응과 리액션으로 응대하자. 좋은 정보들을 마구 던져 주실 것이다.

과거 거래를 직접 했던 소장님이나, 전화 임장으로 연락했던 소장님들은 나만의 재산이 된다. 매물을 보겠다는 약속을 잡고 살펴볼 매물들을 미리 문자로 보내 달라고 부탁드린다. 귀찮은 부탁이나 요청에 반응을 잘해주는 소장님은 업무 수완이 좋고 적극적일 가능성이 높다. 직접 거래를 진행할 때 도움을 받을 수 있는 좋은 기회가 된다.

개인적으로 과거 방문 및 통화했던 소장님의 거래 내용을 에버노트에 기록해 놓는 편이다. 연락한 곳의 중개업소 위치와 연락처,

문의 내용, 응답 내용 및 중개소장님의 성향이나 톤 앤 매너를 대략적으로 기록해 놓으면 추후 재 연락 및 거래할 때 참고가 된다. 만약 부동산 상승 흐름이 해당 지역으로 왔을 때 미리 파악해 놓은 일 잘하는 소장님에게만 연락하면 가장 빠르게 좋은 매물을 얻을 수 있는 것도 덤이다.

지역	단지	부동산	전화번호	전화 임장 분위기
용인 수지	○○○ 1단지	탑부동산	0000-3572	지역 10년째 영업 중. 투자자 선호하며, 적극적으로 브리핑 진행.
용인 수지	○○○ 1단지	원 공인중개소	0000-7592	친절함, 현재 소유 매물이 없어서 공동 중개 매물 검색 후 연락.
용인 수지	○○○ 1단지	최고 부동산	0000-5711	불친절하며, 현장 방문 외엔 정보를 공유하지 않음.
용인 수지	○○○ 3단지	복 공인중개소	0000-9813	친절하지만, 개업한 지 얼마 되지 않아 매물 브리핑이 아쉬움.

≫ 전화임장이 두려운 그대에게

초보자에게 부동산 현장 방문이 쉬운 일이 아닌 것처럼 전화 임장 또한 쉬운 일이 아닐 수 있다. 왜냐면 자신의 전화번호가 그대로 노출되어 전화를 여러 번 했다면 추후 소장님의 응답에 대해

곤란해하는 분들을 많이 보았다. 하지만 두려워하지 말고 그럴 때마다 되뇌어라.

부동산의 소유주는 부동산 중개소장님이 아니다. 소장님은 거래를 중개하는 중립의 위치에선 협력자다. 선택은 오롯이 나의 몫이며 거절도 선택도 나의 권리다. 부동산은 1번 둘러 보고 사는 티셔츠 쪼가리가 아니다. 이리 보고 저리 보고 100번 고민하고 사는 고가의 상품이다. 구매 보류, 구매 거절, 다른 상품과 비교는 너무 당연한 과정이다. 지금은 정보를 취득하는 과정이지만, 결국 우리는 미래 고객 중 하나다. 이 모든 일련의 과정을 부동산 소장님은 더 잘 알고 있다.

수화기 너머의 소장님이 불친절하다면 친절히 인사를 건네고 끊어라. 전화할 부동산은 세상에 널리고 널렸다. 그러니 부담을 떨쳐내고 내가 원하는 정보를 얻는 데 집중하면 된다.

전화 임장 팁, 듀얼 번호 사용

나는 하나의 핸드폰으로 2개의 전화번호를 쓰는 서비스를 사용한다. 한 개의 폰으로 개인과 업무. 2가지로 나누어 관리하는 것이다. 통신 3사에서 모두 제공하고 있으니 참고해 보면 좋다. 한 달 3천 원 정도로 커피 한 잔 가격도 안 되니 저렴하게 이용해보자.

한가지 번호로 개인 연락, 업무, 부동산, 부업 모든 것들이 한 번에 연락이 오면 정신없고 관리하기도 힘들다. 시간 관리와 스트레스는 모두 비용이다. 업무나 부동산 연락 시에 두 번째 번호로 진행하면 확실히 정리가 쉽고 관리하기도 수월하다. 업무시간에 두 번째 번호로 오는 연락은 잠시 보류할 수도 있고, 광고 관련 응답도 모두 두 번째 번호로 몰아 버리니 스트레스도 훨씬 덜 받고 좋으니 꼭 참고하자.

부동산 소장님
내 편으로 만드는 비법

부동산 중개소장님은 투자자에게 있어 소중한 협력자다. 부동산 거래는 개인 SNS나 중고나라에 올리는 게 아니라, 99% 부동산 중개소를 거쳐 거래를 진행하기 때문이다. 거래하는 순간 인간의 불평등은 시작된다. 누군가는 손해를 감수하고 누군가는 이득을 본다. 이득을 높이는 수단은 기본적으로 이 거래 관계를 이해하고 나에게 유리한 거래를 하는 것이다. 결국 유리한 거래를 선점하기 위해서는 정보를 많이 취득하고, 중개소장님을 어떻게 내 편으로 만드느냐에 따라 달라진다.

어떠한 거래든, 상대방의 패를 먼저 알아야 한다. 매물 소유자의 매도 이유를 소장님에게 물어보도록 하자. 매도자가 왜 급매로 내놓았는지, 잔금 일자가 왜 특정일에 정해져 있는지 상대방의 입장을 알아야 한다. 미리 등기부등본을 열어볼 수 있다면, 가압류나 높은 근저당이 있는 지 확인해 보자. 특이 사항이 없다면 금전적인 사항이 아닌 세금 문제로 빨리 매도해야 하는 경우가 많다. 중개소를 통해 이런 사항들을 알게 되면 매매계약 협상에서 내가 우위를 차지할 확률이 커진다. 상대방이 빨리 팔아야 한다면 매매가를 협의하는 데 유리하기 때문이다.

만약 시세가 빠르게 움직일 때는 신고가 아직 안 된 실거래를 알아보자. 임장 갔을 때 아직 안 올라온 신고가나 실거래가가 있는지 물어보라. 가끔 방금 보고 온 집과 다른 매물을 비교해서 인테리어 정도나 가격에서 얼마나 차이가 있는지 물어보면 "그 물건은 어제 얼마에 이미 매도 됐어요" 하는 경우가 있다. 만약 비슷한 수준의 집인데 한 집은 5억 6,000만 원에 팔렸고 방금 내가 보고 온 집은 5억 2,000만 원에 나왔다고 가정해 보자. 비슷한 상태의 집인데 가격이 10% 정도 차이가 난다면 급매급으로 매물을 획득할 수 있는 것이다.

부동산의 영업 비밀은 사실 중개소장님의 매물 장부에 담겨 있다. 해당 장부(데이터)에는 그동안 거래해 왔던 거래일자, 입주일, 연락처, 전세 만기 일자까지 모두 다 기록되어 있다. 비과세 일자나, 전세 만기 일자가 돌아오면 우리보다 소장님들이 먼저 알아서 연락을 주시는 경우도 있다. 자주 연락하고 정보를 공유하고 매물을 가끔 보내주시는 분도 계신다. 하물며 명절마다 인사를 보내는 꼼꼼한 소장님도 있다. 이분들을 잘 활용하자. 결국 부동산 중개업의 핵심은 정보에 있다.

부동산 임장을 나가서 발품을 팔다 보면 운이 좋게 아직 온라인에 올라오지 않은 장부 매물을 브리핑받을 기회가 생긴다. 중개소 입장에서 온라인에 매물을 올린 순간 양타가 되기 어렵다. 양타란 중개소장님 혼자 매수, 매도 수수료를 다 가져가는 것을 말한다. 게다가 매수자가 전세까지 맞춰야 하는 투자자라면 전세 계약에 따른 수수료까지 모두 가져갈 수 있다. 그래서 정말 경쟁력이 있는 급매 물건이면 혼자 소화하기 위해서 잠깐은 단독 물건으로 두는데, 이런 물건은 당연히 저렴하고 알짜일 가능성이 크다.

게다가 생각보다 실거주를 하다가 매도하는 분들은 과거 거래하거나 연락하던 부동산 중개소장님과의 친분 때문에 해당 부동산 1곳에만 내놓는 경우가 많다. 더 내어놓고 싶어도 매도자의 마음이 연약하고, 부동산 소장님의 입담에 홀려 더 이상 내놓지 못하는 경우가 있다. 이런 매물들은 결국 현장에서 접할 수 있다. 임장의 매력은 바로 여기에 있는 것이다.

임장 방법이나 부동산 소장님과 대화에는 정석이라는 것이 정해져 있지는 않다. 결국 스스로 현장에서 여러 번 부딪혀 봐야 자신만의 노하우가 생기는 것이다. 나 또한 소장님하고 몇 마디도 이

돈이 되는 부동산 임장 시크릿

야기도 못 나누고 나온 적도 많고, 다른 손님과 이야기하느라 눈도 못 마주친 경험, 게다가 푸대접받고 나온 적도 있다. 부동산 문을 밀고 들어갈 때는 긴장되는 게 당연하고, 결국 경험이라는 자산이 쌓여 자신만의 기준을 만들어낼 수 있다고 믿는다.

》 부동산 소장님은 만능이 아니다

중개소장님도 사람이다. 편향이 분명히 있다. 그러므로 기본적으로 전화는 적어도 단지당 2~3곳 이상의 중개소에 컨택해야 한다. 실제로 매물을 구하기 위해 몇몇 부동산 중개소에 연락을 해도 각자 입장이 다른 경우도 있다. 성향도 틀리고, 인근 단지 근처 분양권에 거래를 안 한다는 이유로 부정적으로 말하는 경향도 있다.

특히 시세가 빠르게 변하는 시기에는 다수 부동산에 연락해서 더블 체크하는 노력이 필요하다. 가끔 전화를 받은 부동산 소장님의 반응이 불친절하고 광고에 올린 물건들은 이미 다 거래되어서, 비싼 물건들을 제안하는 예도 있다. 시세가 오르는 뜨거운 현장일 가능성도 있지만, 해당 단지에 부동산이 1개여서 독점 거래하는 경우도 있어서 그렇다(지방에는 단지에 1개 부동산이 독점하는 경우가 진짜 있다).

또한, 네이버 부동산 광고의 같은 1개의 매물인데 여러 중개소에 올라가 있는 경우가 있다. 2~3곳의 부동산에 전화를 걸어 시세를 문의하더라도 소장님에 따라 협상 가격의 폭이 다 다를 때도 있다. 부동산 거래 특성상 정해진 기준이 없는 것이다.

반대로 중개소에 방문했는데 손님을 매우 반길 때도 있을 것이다. 아마도 해당 지역 부동산 경기가 좋지 않거나, 비수기라 거래가 뜸한 경우가 그렇다. 이런 경우에는 매수자가 주도권을 갖고 매수에 임할 수 있으나, 친절한 분위기에 못 이겨 이성적 판단이 아닌 매물과 사랑에 빠지는 경우를 항상 경계하도록 하자.

중개소장님은 기본적으로 매수자에게는 높은 시세로 설명하고, 매도자에게는 낮은 시세를 언급할 가능성이 크다. 매매가 성사되어야지만 수수료를 받을 수 있기 때문에 매도자와 매수자 사이의 매매 금액의 협상 여지를 줄여야만 매매가 잘 되기 때문이다. 때문에 이런 상황에 따른 시세를 제대로 이해하고 있어야 한다. 매도자, 매수자, 세입자의 입장에서 서로 다른 부동산에 문의를 통해 적정 시세를 파악하고 있으면 오판할 가능성이 낮아진다.

모든 결정은 오롯이 투자자의 몫이다. 최종 결정을 위한 주위 조언은 참고만 하자. 소장님이나 누군가의 조언을 듣고 매매 후, 안 좋은 상황이 되면 반드시 원망하게 된다. 사람이란 원래 그렇다. 정보만 취합하고 결정은 스스로 해야 한다.

» 일잘하는 소장님 찾기

부동산 중개소장님도 스타일이 정말 다양하다. 마치 보험왕같
이 영업력이 어마어마하신 분들도 계시고, 취미 활동처럼 여유롭
게 운영하시는 분도 계시다. 이따금 부동산개론에 대해 설명을 장
엄하게 늘어놓는 소장님도 계시고, 이제 개업해서 아직 초보티가
팍팍 나는 분도 계시다. 중개업에는 1등이 없기 때문에 어떤 소장
님이 일을 잘한다고 딱 잘라 말할 수는 없다. 그래도 내가 겪어본
중개소장님 중 선호하는 스타일과 비선호하는 스타일을 정리해 보
았다. 주관적인 평가이므로 참고용으로 편하게 읽어주면 좋겠다.

나는 은근히 시크한 소장님을 선호한다. 이런 류의 소장님들은
거두절미하고 무표정한 표정으로 묻는 편이다. 한번은 매도를 위
해 여러 곳의 중개소를 방문했을 때 겪은 일이다.

"무슨 일로 오셨죠?"

"매도하려고요. 물건 좀 내어놓으려고 합니다."

"몇 동 몇 호인가요? 가격은 어떻게 되나요?"

"5동 202호입니다. 가격은 6억 원이요."

"네. 올리고 연락드릴게요."

"아… 네."

시장 분위기도 물어보고, 요즘 상황은 어떤지 채 묻기도 전에
그냥 딱 잘라서 약간 허무하기도 하다. 허나 이런 분들이 은근 일

을 잘할 확률이 높다. 물론 확률이 높다는 것이지 실력은 직접 겪어봐야 한다. 이분들의 속성은 일 하느라 바쁘시기에 상담보다는 빨리 전화 돌리고 연락해서 매수세를 조금이라도 찾아보는 스타일이다. 그래서 가끔 아쉽고 기분이 상할 수도 있지만, 할말하않 (할말은 많지만 하지 않는) 스타일이라서 외려 거래는 빠를 수도 있다.

매수를 위해 한 부동산을 찾았을 때도 비슷한 경우가 많았다. 일단 거두절미하고 무표정한 표정으로 이렇게 물었다.

"네. 무슨 일로 오셨죠?"(돈은 얼마나 있으시고 어떤 물건 찾으시죠?)

"네네. 해당 단지 84타입 급매 있나요?"

"급매 찾는 분들 많네요. 실거주세요? 투자자세요?"

"아 네…."

숨 쉴 타이밍도 주지 않고 본론부터 들어간다. 허나 이런 분들도 은근히 일을 잘할 확률이 높다. 경험이 많으신 중개소장님들은 감정의 기복이 크게 없어 보인다. 약간 시크하고 감정이 없는 기계처럼 무덤덤한 경향이 있는데, 내가 파악해 본 결과로는 많은 거래를 통해 감정 소모 없이 일을 오랫동안 하신 세월이 자연스럽게 묻어 나오는 것이다. 초보 투자자들은 약간 이런 부분들이 불친절하다고 오해할 수도 있다. 하지만 감정을 드러내지 않는 것은 사실 투자자에게도 큰 도움이 된다. 오로지 거래를 위한 판단에 집중할 수 있기 때문이다.

이분들은 매수자나 매도자를 잘 컨트롤할 가능성이 높다. 시크하신 분들이 확실히 거래를 잘하시는 경향이 많았다. 말투에서 생명력이 강하고 눈빛도 살아 계시다. 단답형이 많으며 약간의 아우라가 느껴져 중개소를 등지고 나올 때는 살짝 억울한 느낌이 들기도 한다. 그만큼 베테랑이기 때문이다. 이런 부동산에는 보통 손님이 많다. 지금도 부동산을 둘러보라, 테이블에서 상담하는 부동산이 있고 계속 조용한 부동산도 볼 수 있을 것이다. 나는 나와 비슷한 4050 나이대의 여성 소장님을 선호한다. 말투에는 에너지가 넘치며 다양한 부동산 중개 경험으로 자신감이 느껴진다. 라이프사이클상 가족에게 가장 많은 지출이 들어 가는 시기라서 더욱 열심히 중개에 임하시는 경향이 있으니, 매의 눈으로 관찰해 보라.

일을 잘하는 중개소는 온라인에서도 티가 난다. 네이버 부동산에 들어가서 임장 가고자 하는 동네를 선정 후 우측 '중개' 아이콘을 클릭하면 매물을 제일 많이 보유한 부동산 위치와 숫자가 나타난다. 각 중개소를 클릭하시면 중개사를 볼 수 있다. 보기 옵션에서 매물 개수 순으로 정렬하면 가장 물건을 많이 보유한 부동산을 확인할 수 있다. 매물이 많다는 의미는 열심히 영업을 하고 계시다는 뜻이다. 네이버 및 온갖 어플에 광고를 많이 한다는 것은 광고비를 충분히 낼 만큼 영업이 잘되고 있다는 뜻이며 장사가 잘되는 부동산으로 추측할 수 있다. 이미 부동산 중개 실력은 상향평준화되어 있다. 결국 얼마나 적극적으로 영업을 하는지를 파악하면 일잘하는 중개소를 대부분 미리 확인할 수 있다.

종목을 바꾸어 도시정비사업인 재개발구역에서는 오랫동안 한 곳에서 일해온 소장님을 찾는 것이 좋다. 재개발, 재건축 구역에는 노후화된 현장의 간판을 찾아 들어가길 추천한다. 아마도 소장님이 오랫동안 거주민들과 소통하며 자신만의 장부에 담긴 매물이 다양한 경우가 많다. 오랫동안 영업한 만큼 영업 실력도 입증할 수 있고 임장 시 이런 부동산부터 시작하면, 동네에 대한 브리핑을 더 많이 들을 수 있다. 해당 지역에 오래 영업한 부동산이 대부분 좋다. 부동산 매물을 그대로 권리금을 받고 중개소 영업을 넘기는 경우도 있기 때문이다. 원래 잘하던 부동산은 넘겨받아도 여전히 잘하는 경우가 많다. 높은 권리금을 지불한 만큼 영업에 대한 의지가 여전히 있기 때문이다.

개인적으로 피하고 싶은 소장님은 자신의 의견이 확고한 편의 소장님이다.

"어머~ 사장님 그 가격엔 조정이 안 돼."

"난 몰라, 알았어 내가 내놓고 뭐 안되면 난 몰라~ 이제 사장님 알아서 해~."

이유는 불문하고 그냥 안 된다고 하는 유형이다. 모든 판단, 결정은 해당 소유주나 매수자에게 있다. 하지만 시도하기도 전에 포기하거나 소장님이 가격 결정권을 가진 경우라면, 다른 중개소를 찾을 수밖에 없다. 문제를 대하는 태도는 그 사람에 대해 많은 것을 말해준다. 가끔 뛰어난 소장님들은 신중하지만 항상 시도하고,

자신의 중개 능력을 보여줄 기회로 삼는다. 어차피 거래는 되는지 안되던지 둘 중 하나이기 때문이다.

한 소장님은 매도에 어려움을 겪고 있는 나에게 "맹지도 주인이 있다는데 매수자를 붙게 만들어야죠"라고 말해주었다. 거래를 성사하는 데 큰 힘이 된 말이었다. 거래 상황이 어려울 때나 문제에 부딪혔을 때 소장님들의 진면목을 알 수 있다.

반대로 무조건 다 된다는 스타일의 소장님도 주의해야 한다. 몇몇 소장님들은 자기한테만 매물을 내놓으라고 하며 거래는 걱정 말라고 허풍을 떠는 경우가 있다. 그리고 한 주가 지나고, 두 주가 지나면 조금만 더 시간을 달라고 한다. 그렇게 거래의 골든타임은 지나가는 것이다.

초보 소장님은 개업하신 지 얼마 되지 않아 열정은 뛰어나지만, 막상 실무에서는 버벅이며 버퍼링이 걸릴 확률이 높다. 가끔은 하나하나 가르쳐드리고 알려 드리면서 거래나 계약을 진행해야 하는 경우도 있다. 막상 매수자가 붙었을 때는 중재를 위한 전화가 빈번하다. 중간에서 중개를 재대로 하지 못하고 거래가 불발되는 일도 있다. 또한 변칙 거래에 당황해한다. 가끔 익숙하지 않은 거래는 공부를 더 해보겠다고 언급할 때도 있었다. 물론 모든 일들이 경험을 통해 잘해가는 과정이 필요하지만, 중개비를 내는 고객 입장에서는 여간 신경 쓰이는 것이 아니다. 중개 수수료를 내는 가장 핵심은 책임 중개니까 말이다.

소심하거나 소극적인 소장님은 인간적인 매력은 있으나 거래에 있어서는 비선호한다. 이런 소장님들이 자주 쓰시는 언어는 "제가 솔직하게 말할게요. 지금 현장 거래는 이래요"인 경우가 많다. '솔직하게 말할게요'는 사족에 불과하다. 그전에는 솔직하지 못했다는 말인가? 아니면 나에게만 솔직하게 한다는 말인가? 상대방 매수/매도자에게 전화할 때도 "저는 할 수 있는 건 다 해봤어요"라고 습관적으로 말하는 경향이 있다. 거래를 위해 최선을 다하겠다는 멘트는 그냥 디폴트라는 것을 잊으면 안 된다. 매물이 생기면 연락 주시겠다는 소장님은 장부에 연락처를 남겨 놓고 가라고 말하지만, 다음에 다시 전화하면 전화번호 저장도 안 되었을 뿐만 아니라 매수하는 물건이 정리도 안 돼 있는 경우도 많다. 그저 수동적으로 운영하시는 케이스로 판단된다. 소장님들의 성향은 이해하고 존중하나, 부동산 거래를 위해서는 선호하지는 않는다.

자신과 결이 맞거나 이야기가 통하는 소장님에 본능적으로 이끌리지만, 결국 부동산은 거래가 진행되어야 한다. 중개소에 앉아 1시간 동안 내 이야기를 들어 주는 소장님보다, 많은 매물을 구해 주는 소장님, 내 물건을 가장 좋은 가치로 팔아주는 소장님, 바빠서 정신이 없을 때 알아서 거래를 잘 진행해 주는 소장님이 사실 최고다. 좋은 물건을 연결해 주는 소장님에겐 사람이 붙을 수밖에 없다. 물건이 좋아야 매수자가 찾아온다. 물론 보통의 물건도 중개사가 화려한 입담으로 손님을 유인할 수도 있지만 결국 한계가 있다. 게다가 투자자들은 또 다른 투자자에게 소개하고 연결하기 때문에 계약할 확률이 높아진다. 우리는 좋은 거래를 위해 일 잘하는 부동산 소장님을 알아보는 눈을 키워야 한다. 또한 그 가치제공에 대해 대가를 치르는 것이 중개 수수료라는 것을 잊지 말자.

5

호구 탈출하는
마법 같은 방법

≫ 호갱은 아니아니아니되오

과거 수익형 부동산인 지식산업센터 투자를 위해 매물을 구하러 다녔는데, 정말 매물을 구하기 어려운 시기가 있었다. 물건이 씨가 말라서 매물이 나오는 순간 현장에서만 슬그머니 거래가 되었다. 가는 부동산마다 연락처를 남겨 놓고 가라는 말뿐이었고, 기다려봤자 깜깜무소식이었다. 소장님들에게 구매의사를 어필하려고 매주 얼굴도장을 찍는 것은 기본이고 남들보다 조금이라도 더 매물을 빨리 받기 위해 커피를 사들고 각 중개소를 돌아다녔다. 그

야말로 매도자 우위 시장의 표본이었다.

매도자와 더불어 중개소장님이 갑, 매수자는 철저히 '슈퍼 을'이었다. 이런 시장이 형성되면 매수자는 시장 분위기에 끌려다닐 수밖에 없기에 수익성이 제대로 나오지도 않는 이상한 매물을 제안받는 사례가 속출한다. "지금 가계약금 넣지 않으면 다른 사람에게 넘어가요. 망설이면 놓칠지도 몰라요. 사장님이 자주 방문해 줘서 꼭 소개하고 싶어서 연락한 거예요. 30분 안에 답변 주세요~" 지금 거절하면 이제 영영 연락을 받지 못하는 상황이 일어날 것 같고 신중히 계산해 봐도 좋지 않은 수익률이라 선택을 하지 못하고 난처한 상황이었다. 결국 거래는 불발되었다.

항상 조바심은 화를 낳는다. 내가 마음이 급하면 내 패를 들킨 것이고, 이 영역에서 영업활동이 오래된 소장님은 빠르게 분위기를 파악한다. 그러므로 중개사의 말을 그대로 신뢰해서는 안 된다. 회사나 학교에서도 별의별 사람이 다 있는 것처럼, 공인중개사님도 객관적이고 이성적으로 중개하시는 분도 계시지만, 철저히 자신의 이익과 허위 정보를 전달하거나 책임 중개하지 않고 좋지 않은 매물을 소개하는 악질 공인중개사도 있고 팀을 이루어 진행하는 중개조직도 있다.

가끔 중개소에서 물건에 대한 소개를 받다 보면 "이 매물은 급매 물건이라 벌써 여러 명이 보고 갔어요. 투자로 너무 좋죠" 하고 시작된 대화에서 온갖 수식어들이 붙어 결국 소개받은 매물과 사랑에 빠지는 경우가 있다. 특히 중개소장님과 대화가 처음이거나, 투자에 대해 정확히 모르면 열정적으로 소개하는 소장님의 화술에 홀리게 된다. 업계에서 오랜 시간 특화되어 사람들을 설득하는 화술이 있기에 이성적인 판단을 하지 않으면 무언가에 홀린 듯 충동적으로 계약을 하고 나오게 된다.

실제로 정말 좋은 기회에 장부에만 나와 있는 단 하나의 매물이자, 급매를 만날 가능성이 있기도 하겠지만 방문하는 곳마다 이런 매물만 있다는 것은 현실적으로 말이 안 된다. 결국 투자자 스스로 판단의 기준이 있어야 한다. 결국 매물에 대한 주관적인 평가가 아니라 객관적인 기준으로 바라봐야 소장님의 유려한 말솜씨에 홀리지 않게 된다.

특히 중개소를 방문했을 때 정말 아무것도 모르는 초보의 모습을 보인다면 중개소장님은 당신에게 가장 거래하기 어려운 매물부터 권할지도 모른다. 다른 중개소를 통해 공동중개 할 수 있는 급매물이 있음에도 불구하고 중개수수료를 더 취득하기 위해 자신의 리스트에만 올라와 있는 매물들만 소개하는 중개사도 있다. 일부 매도하는 투자자들은 시세보다 비싼 값에 매물을 매도 하기 위해 소장님에게 특정 가격 이상의 가격에 매도 진행을 성공할 경우 중개수수료의 2~3배로 인센티브를 지급하겠다고 제안한 경우라면 소장님은 이 매물을 먼저 소개할 수밖에 없을 것이다. 투자자는 높은 가격으로 매도할 수 있고, 공인중개사는 수수료를 배로 받아서 좋으니까 말이다. 사람이 나빠서라기보다는 모든 사람은 자신의 경제적 이득을 먼저 생각하는 것이 우선이기 때문이다. 그렇기에 이 책을 통해 철저히 손품과 지식을 늘여 객관적인 시각으로 거래에 응해야 한다.

최소한 해당 지역에 대한 시세 정보는 철저히 파악하자. 이 물건이 비싼 물건인지 아닌지는 스스로 판단할 수 있어야 한다. 또한 단순 매수라는 목표를 달성하기 위해 조바심은 절대적으로 경계하자. 그러기 위해서는 처음 방문한 중개사무소에서는 계약하지 않는 편이 좋다. 최소 2~3곳을 둘러보면 그제서야 비교가 되고 확실히 자신에게 맞는 매물을 선별할 수 있는 때가 온다. 그때 다시 처음 방문한 중개소에 연락해도 늦지 않다.

입담이 좋은 소장님들은 매수인이 지금 바로 결정할 수 있도록 유도하는데 매우 능숙하다. 그들은 잘 안다. 물건을 보고 마음이 흔들릴 때가 계약할 수 있는 좋은 가장 기회가 된다는 것을 말이다. 당일 계약을 하지 않고 배우자와 한번 더 생각해 보고 결정하겠다고 결정의 시간을 보류하라. 부동산 매매에 있어서 조급한 마음은 항상 실수를 유발한다. 아무리 소장님과 구두로 한 협의라도 거래는 서면 계약서가 모든 것을 대변한다. 나중에 잘못을 파악하고, 인주가 찍힌 계약서를 되돌리려면 시간과 정신적 스트레스, 비용적인 손해가 발생하기 때문에 거래는 항상 신중하게 해야 한다.

부동산 브리핑을 듣다 보면 소장님도 확신이 없는 정보에 대해 말할 때가 있다. 아직 확정되지 않은 개발 호재나 분양 정보에 대해 거의 다 결정된 사항이라고 초보의 조바심에 부채질하는 경우다. 계약서가 아닌 구두로 설명한 부분은 증거를 남길 수가 없다. 초보일 때는 무엇이 사실이고, 무엇이 진실인지 판단하기 쉽지 않기 때문에 중개소장님의 코멘트를 100% 신뢰하는 경우가 생긴다. 또한 해당 지역의 리스크나 우려점에 대해 언급하면 단점을 축소하거나 얼버무리며 "그 정도는 다른 곳들도 다 그래요", "원래 다 그런 거예요"라는 말로 화제를 돌릴 때가 있다. 말의 꼬투리를 잡자는 것도 아니고, 논쟁을 하자고 하는 것도 아니다. 그저 객관적인 정보를 스스로 판단할 수 있어야 한다.

≫ 법무사 수수료로 눈탱이 맞을 수 있다

부동산 취득을 하고 자기 재산권의 권리관계를 법적인 절차를 통해 공식적으로 법 앞에 새기는 행위를 '등기'라고 한다. 등기를 위해 흔히 취등록세, 인지세, 국민주택채권 비용, 농특세 교육세, 인지비를 내야 한다. 이를 법무사에게 맡기면 총 비용만 전달하면 쉽게 해결할 수 있다.

그래서 부동산 거래 시 법무사를 중개소장님께 직접 소개받는 경우가 있다. 일부 부동산에서 소개해 주는 법무사사무소는 중개소장님과 모종의 거래가 있어 비싼 경우도 있다. 분명한 것은 법무사 선택은 매수자의 자유다. 소개받은 법무사와 거래를 진행하지 않아도 된다는 것이다. 또한 여러 곳의 법무사사무실에 연락을 해보거나 '법무사 앱'을 통해 견적서를 받아 비교해 보고 판단하는 것이 좋다. 법무사 또한 중개사와 더불어 1등이 없는 비즈니스 영역이다. 가장 싼 수수료가 오로지 경쟁력일지도 모른다. 요즘 투자자들은 스마트해져 셀프등기도 진행하기 때문에 더욱 경쟁에서 치열한 곳이기도 하다.

그래서 법무 비용을 잘 모르면, '호갱님'이 될 수 있다. 항상 법무사에게 먼저 견적서를 요청하고 비교한 뒤 결정해야 한다. 수많은 법무사와 컨택을 해보았지만, 처음부터 마음에 쏙 드는 견적서를 받아 본적은 단 한 번도 없다. 전국을 상대로 거래한 경험에 따르면 지역마다 보수 금액도 천차만별이었다. 특정 지역의 10개의 견적서를 받아보았지만 거의 동일하게 비싸 울며 겨자 먹기로 진행한 경우도 있고, 특정 지역은 정말로 저렴한 법무사도 있었다.

보통 부동산 등기 견적서를 받으면 한쪽에는 세금과 같은 공과금이 기재되고, 다른 쪽에는 보수료가 적혀 있다.

🏠 나쁜 견적서의 예

비용 계산서			
사건명 : 소유권 이전			
물건지 : 경기도			
보수액		공과금	
적요	금액	적요	금액
보수료	300,000	취득세	3,424,000
부가세	30,000	교육세	342,450
		증지대	15,000
		인지대	150,000
		국민주택채권	1,078,500
		제출대행	50,000
		부동산거래신고	40,000
		등록세신고	40,000
		등본 및 대장 서류	20,000
계	330,000	계	5,159,950
총합계금액		5,489,950	

흔히 교통비를 따로 받으며, 일당도 따로 기재되는 경우가 있다. 게다가 공부 및 제증명 부분은 각종 서류를 발급하는 비용을 말하는데 비용을 부풀리기에 좋은 항목이다. 등기 진행 시 뭐가 필요한지 모르는 초보들은 견적서에 적힌 그대로를 받아들여 당하는

경우가 많다. 기본 보수료 이외에 다른 수수료 명목으로 금액을 추가하여 이익을 취하는 것이다. 법무 수수료가 낮은 곳은 최대한 이해하려고 해도 교통비 15만 원에 제증명 발급 비용을 15만 원씩 기재하는 것은 문제가 있다. 비행기를 타고 오는 것도 아닐 것이며, 국가에서 발급하는 증명서 비용이 터무니없이 비쌀 이유가 없다. 제출대행, 등록대행, 원인증서, 확인서면 같은 생전 처음 보는 항목도 기재된 경우도 있다. 추가로 채권 구입비는 할인율 금리에 따라 매일 바뀌므로 변동 사항을 고려하여 넉넉하게 잡긴 하지만, 5만 원 이상 차이 나게 적는 것은 눈을 뜨고 있는데 코를 베어 가겠다는 것과 같다.

이와 다르게 좋은 견적서의 예시는 깔끔하다. 좌측에 부가세를 포함한 보수료로 깔끔하게 정리되며, 우측 공과금에는 취득세, 교육세, 농특세, 증지대, 인지대, 국민 주택 채권 구입지가 끝이다. 좌측이 법무사가 가져가는 비용이고, 우측은 국가가 가져가는 비용이다.

비용 계산서			
사건명 : 소유권 이전			
물건지 : 경기도			
보수액		공과금	
적요	금액	적요	금액
보수료	400,000	취득세	24,000,000
부가세	40,000	교육세	2,400,000
		농특세	1,200,000
		증지대	15,000
		인지대	150,000
		국민주택채권	149,400
계	440,000	계	27,914,400
총합계금액	28,354,400		

무엇보다 모든 거래의 기본은 비교가 우선이다. 타 법무사무실에서 받은 수수료 견적서를 비교하여 가장 수수료가 낮은 곳에 컨택을 우선으로 해야 한다. 또한 가장 낮은 수수료를 제안한 사무실이라도 전화를 통해 일부 가격이 높은 항목에 대해 언급하면 내 경험 상 90% 이상의 확률로 항목을 제외해 주거나, 견적서를 다시 뽑아 보내주거나, 가격을 절충해 주는 경우가 대부분이었다. 별것

아닌 이 행위가 작게는 10만 원에서 50만 원까지도 차이를 만든다. 우리는 단순 부동산 거래를 통해 어쩌면 비즈니스 생태계를 이해할 수 있고, 모든 거래에는 비교와 협상이 중요하다는 것을 배울 수 있는 사회를 살아가는 좋은 경험이라고 생각한다.

》 중개소에서 절대로 하지 말아야 할 것들

우리는 어리석은 고객이 되지 말아야 하지만, 반대로 너무 공격적인 태도로 자신의 입장만 고수하면 중개소 소장님들의 입을 아예 막는 경우도 생긴다. 이 손님에게는 더 이상 말이 안 통하겠다는 생각이 들면 더 이상 소장님도 입을 열지 않는다. 중개소에서 절대로 하지 말아야 할 몇 가지 행동이 있다.

먼저, 소장님보다 더 많이 아는 척이다. 무시당하지 않고, 투자 공부를 많이 해서 저를 쉽게 보지 말아 달라는 마음은 충분히 이해하지만, 해당 지역의 전문가는 중개소장님이라는 것을 잊지 말고 경청부터 해야 한다. 우리는 가진 지식을 대결하기 위해 임장을 나간 게 아니니 말이다. 아는 척을 많이 하고 말을 많이 할수록 소장님의 입을 닫게 만든다. 오히려 적당히 모르는체하는 게 더 낫다. 상대방이 더 많은 말을 하게 만드는 것이 우리가 해야 할 일이다. 어차피 우리가 말을 많이 해 봤자 대다수는 어색하고 긴장해서 말을 버벅거린다. 말문이 막히면 그냥 자신이 원하는 용건만 직설적으로 요구하거나 급매나 빨리 추려 달라고 할 때도 생긴다. 중개사가 실수로 잘못된 정보를 말했을 때도 자신이 공부해 온 것을 티내거나, 지적하지 말고 부드럽게 반문하라. 모든 사람은 자신의 실수를 지적하는 것을 좋아하지 않는다. 처음 보는 무례한 손님이라면 좋은 매물이 있더라도 연결해 줄 마음이 싹 사라질 것이다. 한 건의 거래로 수수료는 생기겠지만 거래를 진행하면서 받을 진상 고객에 대한 주기적인 스트레스는 절대적으로 피하고 싶어하기 때문이다. 알면서도 모른체하고, 예의를 갖추면 공인중개사에게 긍정적인 첫인상을 남기게 된다.

단순 부동산 브리핑 정보를 듣더라도, 기계적인 반응보다 눈 맞춤을 하며 계속 고개를 끄덕이며 "아! 그렇군요", "네! 소장님 말씀대로 진짜 그러네요" 하고 추임새를 섞어 호응을 하자. 중개소장님이 했던 말을 맞받아치며, 반복만 해줘도 사람은 거울 뉴런의 신경 심리 때문에 선호도가 올라간다. 남성 고객들은 착좌 습관상 의자에 등을 기대 다리를 꼬는 경우도 있지만 피해야 할 행동이다. 우리는 고객이지만, 왕은 아니다. 앉은 자세에서도 공인중개사 쪽을 향해 몸을 기울이고 적극적으로 응대하면 더 좋은 정보들이나 매물이 나올 수밖에 없다. 항상 상대방을 배려하고 기분 좋게 만드는 행위를 지속하면 좋은 거래를 진행할 수 있다. 허나 과도한 리액션은 사양한다. 어디서 잘못 학습하고 와 때로 너무 과도한 리액션을 하는 경우가 있다. "소장님 이걸 어떻게 잘 아세요?" 중개로 밥을 벌어먹고 사시는 현지 지역 부동산 소장님이니까 잘 아시는 건 당연하다. 소장님 말씀한 내용에 대해 긍정적인 반응과 반복 정리하는 정도의 담백한 리액션이면 충분하다.

"아~ 여긴 초등학교가 가까워서 선호하는구나~"

"아~ 소장님이 설명하신 데 지나오다가 본 것 같아요~"

포인트는 내 말보다 중개사님의 말에 더 귀 기울이는 것이다. 특별히 말 한마디 하지 않고, 부동산 브리핑에 호응만 해도 이미 대화가 잘 통하는 사람으로 인식될 가능성이 높다.

질문을 할 때 공부하러 온 사람처럼 질문하는 것은 자제하자. 이미 손에는 노트나 메모장이 들려있고, 받아 적을 준비 자세는 금물이다. 흔히 소장님들은 공부하러 온 사람들을 싫어한다고 한다. 그래서 늘 매수가 목적인 사람의 마인드로 진행해야 한다. 어느 업계나 손님을 맞이하는 접객이 있는 직업들은 사실 사람의 실루엣이나 아우라만 봐도 50%는 이미 안다. 마음을 꿰뚫어 보는 도사라서 그런 게 아니라 어떤 업계든 4~5년 이상씩 근무하면 이메일 제목만 봐도 어떤 일인지 딱 보이는 것과 같다.

옷 가게를 예로 들면, 옷을 사러 온 사람인지 시장조사를 하러 온 타 업체인지 어지간하면 다 안다. 그러므로 공부하고 알아보러 온 게 아니라 사러왔다고 생각하고 돈이 준비되어 언제든 살 수 있다는 태도를 보여줘야 좋은 정보들을 얻을 수 있다. 그래서 처음 상담할 때부터, '초기 매수 투입금'을 머릿속에 넣어 두고 이 금액으로 찾아보고 있다고 시작하면 그에 맞는 정보들부터 나오게 된다. 그래서 초기 제안 금액은 좀 타이트하게 잡고 금액을 조금씩 늘려가면서 가용 금액이 더 나올 곳을 알아보겠다는 뉘앙스를 보이자. 그러면서 더 알고 싶은 정보 쪽으로 확장하면서 정보를 얻어나가자. 더불어 질문을 할 때는 머릿속에 괄호를 치고 질문하자.

"(저는 꼭 매수하고 싶은데요) 학교는 어디로 가나요? 많이 선호하나요?"

"(저는 꼭 계약하고 싶은데요) 혹시 여기서 로열동 로열층은 어디예요? 가격 차이가 많이 나나요?" 이렇게 질문을 늘려 나가면 된다. 현장에서 얻은 정보는 중개소 안에서 기록하지 말고 나와서 한번에 정리하는 것을 추천한다. 정말 중요한 '매물 시세'와 컨디션은 현장에서 정리해서 짧게 기록하거나 정리해서 보내주실 수 있는지 부탁을 드리면 된다. 나는 짧게 기록할 때는 책상에 있는 중개소 명함에 기록하는 편이다.

칭찬은 중개사도 춤추게 한다. 공인중개사무실에 들어서는 순간부터 칭찬할 거리를 찾자. 또한 대화 중간중간에 칭찬과 감사의 반응을 섞자.

"멀리서 봐도 사무실이 너무 깔끔해서 이곳부터 방문하게 되더라고요"

"소장님, 미리 전화드리고 방문했더니 정리를 너무 잘해주셔서 감사해요."

"소장님, 제가 잘 몰라서 고민이 많았는데 정리가 싹 되네요!"

대화를 할수록 상대방은 존중받는 느낌이 들고 거래가 안 되더라도 대화가 즐겁고 기분이 좋을 수밖에 없다. 사람은 기분이 좋을수록 더 많은 것을 주고 싶은 마음이 든다. 좋은 정보와 매물이 나올 가능성이 커진다.

항상 상대 중개소장님에 대한 예의를 갖추자. 정보를 취득했다면 먼저 명함을 건네는 것을 추천한다. 명함이 없다면 이름과 연락처를 꼭 남기도록 하자. 공인중개사님이 우리에게 매물을 브리핑해 주고 지역 및 단지 정보들에 대해 알려주는 이유는 잠재적 고객인 우리의 연락처를 얻기 위한 것이다. 자신의 영업 시간을 내어 성심성의껏 설명을 다 해주었는데 연락처도 주지 않고 그냥 나가 버리면 상대방에 대한 예의가 아니다. 실제로 우리가 먼저 연락처를 남기는 순간 중개소장님과 관계가 형성된다. 당장 거래를 하지 않아도 된다. 추후 급매가 나왔을 때 연락할 사람의 명단에 포함된다면 그만큼 신뢰감이 형성되었다는 것이다.

재차 말하지만, 소장님은 같은 운동장에서 뛰는 협력자이자 플레이어다. 항상 예의를 지키고 상대방을 존중하자. 또한 개인적으로 꼭 지키는 것이 있다. 부동산 수수료 부분은 절대 깎지 않는다는 불문율을 지키는 편이다. 물론, 정확한 중개 수수료율을 지키는 것은 기본이다. 또한 거래 시 도움을 주셨다면 작은 선물이나 사례로 보답하는 편이다. 부동산 수수료를 깎는 것보다 수수료에 해당

하는 중개 서비스를 정당하게 요구하는 것이 현명한 거래의 방법이라고 생각한다. 항상 전국에서 투자자와 함께 호흡하고 중개하는 부동산 중개소장님을 존경하는 마음을 이 자리를 빌어 전한다.

6

내 집처럼 쉽게
현장 매물 보는 법

≫ 집안 내부 임장 팁

가장 중요한 것은 하자 유무다. 좋은 것은 직관적으로 알지만, 하자는 추가로 더 돈이 들어가거나 추후 문제가 될 수 있기 때문이다. 신축이라면 문제가 크지 않지만, 구축은 더욱 신경 써서 체크해야 한다.

주로 문제가 되는 것은 바로 누수와 곰팡이다. 특히 누수와 곰팡이는 비가 많이 오는 장마철이나 기온 차이가 큰 한겨울에 증상이 발현되는 경우가 많다. 베란다 천장, 외벽과 맞닿아 있는 곳 중심으로 세심히 체크해야 하고 혹시 부분적 도배가 돼 있거나, 얼룩이 발견된다면 의심을 해보아야 한다. 먼저 눈으로 파악하고 집주인에게 문제가 있는지 문의하자. 더불어 집주인의 응답이 있더라도 누수 같은 중대 하자에 관한 책임은 특약사항에 꼭 기재하면 좋다.

인테리어 중 새시는 가장 큰 목돈이 들어가는 부분이다. 오래된 새시인 경우 단열 및 방음이 안 된다고 봐야 하며, 새시를 모두 교체할 경우 비용이 소형차 값은 나올 가능성이 크다. 그래서 집값을 협상할 때 매번 언급되는 것이 바로 새시이다. 새시 문제로 단열이 안 되어 일어나는 결로나 외벽 갈라짐이 있다. 새시 때문에 500만 원~1,000만 원이 거래에서 항상 협상의 빌미를 주곤 한다. 이 부분을 인지하고 매도자일 때와 매수자일 때 모두 우위를 선점하도록 하자.

더불어 아파트 동 중 사이드 외벽에 위치한 호실들은 세탁실 및 다용도실에서 기온 차에 따른 외벽 갈라짐이나 타일 파손, 탈락 현상들도 종종 발견된다. 사용상의 하자보다 건물 자체가 가진 문제에 대해 조금 더 신경 써서 확인해야 한다. 사람이 사용하다가 고장난 부분은 돈을 써서 고치면 되지만, 손을 쓸 수 없이 자연현상에 의해 일어나는 하자들은 보유하고 있는 동안 계속해서 골치를 썩히기 때문에 더욱 주의하도록 하자.

하자 이후 가장 먼저 볼 것은 바로 거실을 통한 뷰와 채광이다.

고수들은 집에 들어가자마자 거실 창을 통해 뷰와 채광을 먼저 체크한다. '뷰'는 집값에 프리미엄이 붙을 정도로 중요하지만, 한강뷰 같은 특별한 뷰가 모든 아파트에 있지 않다. 대신 향과 채광을 조금더 신경 쓰길 바란다. 보통 남향을 가장 선호하지만, 신축일수록 정남향 아파트가 드물다. 건설사들은 땅의 효율을 늘리기 위해 신축 아파트들은 대부분 V자 형태로 지어 남동향, 혹은 남서향이 대부분이기 때문이다. 세대주의 라이프스타일이나 선호도에 따라 차이는 있지만 남동, 남서의 가격적으로 큰 영향은 없다. 다만 앞 동이나, 주변 높은 건물 및 산에 의해 그림자가 집으로 드리워지는 경우 하루 종일 햇살이 들어오지 않는 경우는 필히 조심해야 한다. 특히 겨울은 여름보다 그림자의 길이가 길어지기 때문에 더 큰 차이를 만들어 낸다.

향도 중요하지만, 채광이 잘 되는지 꼭 확인하자. 나는 다양한 경험을 위해 다양한 향을 선택하여 의도적으로 주거를 선택해 보았는데 확실히 남향이 채광이 좋을 뿐만 아니라, 일광에 따라 겨울에는 따뜻하여 난방 효과도 훨씬 우수했다. 무엇보다 햇빛이 잘 드는 집에 있는 동안 실내가 항상 밝아서 아이의 성장 반응에도 크게 영향을 미치는 것을 보고 매우 중요하다는 것을 깨달았다.

확인 종류	디테일
집 내부 상태	수리 필요 부분, 하자, 누수 및 결로, 곰팡이
인테리어	도배, 장판 및 주방 싱크대, 샷시, 욕실 노후화 여부
뷰	전면부 시야 확보 여부, 혐오 시설이 보이는 지 여부
채광	남향이 가장 선호 되며, 채광 여부가 가장 중요
임차인 상황 및 매도 사유	만기 이후 이사 여부, 급한 사정이 있는지 확인 (이사, 세금 문제 등)

» 보기 힘든 매물을 보는 법

1. 모델하우스 방문

모델하우스를 방문해 최신 트렌드의 내부 구조를 파악하고 이해할 수 있다. 현장에 직접 방문이 어려우면 온라인 모델하우스를 통해 방 내부 구조와 마감재 등을 체크하면 좋다. 청약홈 사이트에 들어가 보면 거의 매주 새로운 청약이 있다. 매주 새로운 청약 단지들을 둘러보자. 모든 건설사의 트렌드, 인테리어 방 구조 이런 트렌드를 몸으로 그대로 익히게 될 것이다. 다양한 건설사의 모델하우스를 비교하면 큰 공부가 된다. 요즘 온라인 모델 하우스만 보아도 3D 집들이 기능으로 리얼하게 내부를 확인 가능하다. 또한 고층에서 내려다보는 도시의 뷰까지도 확인 할 수 있다.

2. 구경하는 집

신규 입주하는 아파트 단지에 '구경하는 집'이 있다. 흔히 거실 유리창 밖에 '구경하는 집'으로 기재해 놓았을 것이다. 이는 인테리어 업체가 시공한 집을 영업 목적으로 일정기간 동안 사용하는 경우다.

신축 아파트의 입주 기간에는 이사 차량이 수시로 드나들고, 아직 주차 등록이나 보안 체계가 잡히기 전이기 때문에 외부인의 접근이 용이한 경우가 많다. 현장 임장을 통해 신축 아파트의 조경, 커뮤니티 시설, 놀이터 등을 확인 할 수 있고, 더불어 구경하는 집을 방문하여 내부도 확인해 보자.

구경하는 집을 방문하여, 입주민이라고 소개하면 친절히 응대해 준다. 자신이 없으면 지인집에 방문했다가 구경하러 왔다고 솔직히 말하자. 나는 그냥 정면돌파하는 편이다. 생각보다 사람들이 각박하지 않다. 세상은 뻔뻔한 사람들에게 은근히 기회가 많다. 인테리어 전의 마감재 컨디션이나 옵션 여부를 물어보면, 자신들이 진행한 추가 인테리어 부분이나 강점을 부각하기 위해서 마감재의 단점에 대해 집중적으로 설명해 줄 것이다. 게다가 최신 인테리어 경향과 비용도 체크할 수 있다.

6장

1억짜리
부동산
임장 보고서
쓰는 법

머리에 남은 입지를
더 선명하게 만드는 방법

발품을 통해 많은 곳을 다녀온 만큼 기억이 모두 남아 있지 않을 때도 있다. 임장 돌며 정보를 모으며 머릿속에 넣지만, 현장에서 바쁘기 때문에 정보들이 뒤죽박죽 섞이기 쉽다. 괜찮다. 집으로 돌아와 복기 작업을 하면 된다. 잠시 기억이 안 날 뿐 내 두 발로 몸이 지나간 자리는 절대 잊혀지지 않는다. 디지털 시대에 살기 때문에 아까 걸어 왔던 곳은 다시 지도로 하나하나 보면 어릴 적 살았던 것처럼 다시 기억 속에서 살아나게 된다.

첫째, 기억이 나지 않는 부분들은 퍼즐을 맞추듯 복기 후 기록하면 된다. 오늘 하루 발품을 돌고 온 곳을 복기할 때는 먼저 인터 넷 2D지도를 중심으로 다녀온 곳의 이미지를 그대로 살려보자. 지 나온 동선을 떠올리면 전체적으로 지역이 입체적으로 느껴지면서 맵핑이 될 것이다. 머릿속에서 이 단지가 1등. 이곳은 2등. 가중치 차이는 10% 정도 나면 될까? 이유는 상권과 초등학교와의 거리 때문이야! 하고 자연스럽게 나온다면 임장을 성공적으로 다녀왔 다고 할 수 있다.

둘째, 구글에서 제공하는 구글어스를 이용해 3D지도로 조금더 생생한 이미지를 살려보는 것이다. 최근 위성으로 촬영한 지도를 제공하므로 하늘에서 볼 수 있는 거의 모든 것들을 그대로 제공한 다. 도로의 폭은 물론, 신축 중인 건설 현장, 재개발 구역의 철거된 토지 상태, 단지 내 동 간격부터 조경까지 모두 살펴볼 수 있다. 게 다가 마우스 휠을 클릭 후 드래그하면 지형의 높낮이부터 구릉의 정도까지 모두 체크할 수 있다. 이 기능은 구릉지에 건설 중이거나 분양 아파트의 동들의 위치에 따라 조망까지 확인된다. 하물며, 보 안상 지도에 표기가 제대로 나오지 않는 군부대 시설, 수자원, 교 도소 시설 및 국가 보안 시설까지 거의 모든 것을 볼 수 있다. 구글 위성 지도로 임장으로 돌아온 길을 되돌아보면 힘들게 오르내리던 길들이 모두 생생히 다시 머리에 맵핑 되는 것이 느껴질 것이다.

특히 서울, 대구, 인천 송도의 도시들은 건물들의 형태까지 거

호수가 보이는 수원 광교 일대 위성지도 (출처: 구글어스)

의 완벽하게 구현할 정도로 3D입체 공간 지도를 제공한다. 실제 현장보다 더 실제 같기에 임장을 한 번만 다녀온 후 입체 지도만 봐도 복기가 확실하게 된다. 특히 서울시에서 제공하는 smap 서비스는 유난히 퀄리티가 우수해서, 빌라부터 다가구, 주택, 교량까지 거의 현실 그대로 제공된다. 자세히 들여다보면 재개발 구역의 골목 하나하나까지 모두 파악이 가능하다. 보고 있으면 기술의 발달이 놀라울 정도이니 꼭 체험해보자.

서울시: https://smap.seoul.go.kr/
경기도: https://gris.gg.go.kr/map/main/grisMapView.do
인천시 송도: http://3dgis.ifez.go.kr/
대구시: http://3d.daegu.go.kr/

롯데월드와 잠실 일대 (출처: 서울시 에스맵)

올림픽 선수기자촌 일대 (출처: 서울시 에스맵)

경기도 분당 시범단지 일대 (출처: 경기 부동산 포털 지도)

송도 1공구 일대 (출처: 인천경제청 3차원 공간 정보 서비스)

대구 범어네거리 두산위브제니스 일대
(출처: 대구 3D지도 서비스)

돈이 되는 부동산 임장 시크릿

셋째, 카카오 지도의 로드뷰를 이용해서 기억 나지 않는 곳들을 퍼즐처럼 채워 나가면 된다. 이때 포인트가 있다. 도시 정비를 통해 큰 변화가 있는 곳은 과거 모습과 비교해서 보는 기능이 있다. 특히 재개발, 재건축된 곳들의 과거 모습을 비교하면서 변화 과정을 그대로 이해할 수 있다. 로드뷰 실행 중 좌측 상단의 날짜를 선택하면 과거의 특정 일자의 모습이 함께 보인다. 특정 일자를 선정 후 '과거사진비교' 버튼을 클릭하면 현재 보고 있는 곳의 모습과 과거의 모습을 반반 나누어 함께 볼 수 있다. 이미지를 좌우로 움직여 어떻게 달라졌는지 확인해 보자. 과거 노후화된 골목으로 이루어진 재개발 구역이 깔끔한 아파트로 변경된 모습도 볼 수 있고 쓰러져 가던 저층 주공 아파트가 고층 신축 아파트로 변하는 모습을 실시간으로 보며 깜짝 놀랄 것이다. 현재도 천지개벽 중인 강남구 개포동, 장위 뉴타운 쪽을 살피면 과거와 현재가 뒤섞인 정말 시공간이 공존하는 신기한 느낌을 받을 수 있을 것이다.

세종시의 과거와 현재 (출처: 카카오 지도)

끝으로, 세상에서 가장 확실한 공부 방법은 입력보다 직접 출력해 보는 것이다. 학생들이 시험을 치르기 전 마지막 공부 단계에서는 아웃풋 하는 것이 가장 효율적이라는 게 이미 뇌과학적으로도 증명되었다. 백지에 생각나는 것들을 모두 끄집어 내면 가장 효과가 빠르다. 백지 한 장을 꺼내 해당 지역을 스케치 해보자. 일반 지도를 그냥 바라볼 때는 이곳이 대장이고, 어디가 그다음 입지인지 다 알겠다고 착각하지만, 백지를 펼치는 순간 그때부터가 진짜다. 못 그려도 된다. 누군가에게 보여주려고 그리는 것이 아니라 제 머릿속에 남기기 위함이니 편하게 그리자.

동별 위치와 역의 위치, 상권의 위치, 지나온 길들을 바탕으로 백지에 아웃풋 해보라. 다 기억하고 있는 것 같지만, 이 작업을 해보면 우리의 뇌가 생각보다 똑똑하지 않다는 것을 알게 될 것이다. 모두 기억이 나지 않아도 괜찮다. 앞서 설명한 지도를 이용해서 다시 뇌의 비워진 공간에 그림을 채워 나가면 된다. 마지막으로 그려낸 백지도 위에 시세도 함께 입력해 보라. 이제 임장의 모든 지역은 생생히 체득될 것이다.

돈이 되는 부동산 임장 시크릿

2

기록은 1억짜리
임장 보고서로 탄생한다

≫ 기록으로 남겨 놓은 것은 모두 자산이 된다

과거 SNS는 시간 낭비라고 생각했다. 철저히 관종들만의 소유물이라고 믿었다. 세상은 빠르게 변해가는 데 적응하지 못하고 시대에 뒤쳐진 생각을 하고 있었다. 블로그는 맛집 기록이나 남기는 것이라고 생각했던 내 모습을 돌이켜 생각해 보면 후회가 된다. SNS 자체가 문제가 아니라 활용하는 사람이 중요하다. 가치적으로 잘 활용하면 SNS는 매우 우수한 디지털 자산이 된다. 자신의 기록을 남기는 것은 물론 이를 통해 '인플루언서'가 되기도 하고 이를 통해 수익 창출의 토대가 되기도 한다. 블로그 하나만 잘해 밥 먹고 사는 지식 창업가들도 있다.

임장을 다녀온 후 기록을 남겨 놓아야 오래 기억이 된다. '굳이 SNS 아니라 자신의 노트 어딘가에 기록하면 되겠지' 하는 생각은 버리자. 자기 혼자 보고 싶은 임장 기록을 남기겠다고 말한 사람 10명중 9명이 기록을 남기지 않는 것을 직접 보았다. 결국 공개적인 기록만이 강제성을 부여하게 되고 결과물로 남게 된다. 이 결과물들이 나중에 온라인상에서 노출이 되고 남들에게 도움을 주게되는 선순환 과정을 거치게 된다. 당신에게 정보를 얻고 도움을 받은 사람들은 당신의 임장 포스팅에 반응하게 되고, 우리의 뇌에서는 성취감에 의한 도파민을 분비한다. 이것은 더 열심히 부동산을 공부하게 하는 원동력이 된다. 확실한 것은 무엇보다 지나온 임장의 과정과 정보와 시세들을 기록하면 머릿속에 더 오래 남는다는 것이다. 나에게 도움이 되려고 한 행동이 모두에게 이로운 결과가 되는 것이다. 가장 효율적인 SNS 채널을 추천하면 네이버 블로그다. 임장에 관한 정보를 제공할 때 가장 최적화된 채널이다. 텍스트와 사진으로 게시가 가능하고 댓글로 소통도 가능하니 누구나 쉽고 편안하게 도전할 수 있다. 개인의 사생활이나 정보 노출에 대해 우려하는 사람도 보았는데 큰 문제가 없다.

임장보고서를 쓸 때는 현장 임장을 다닐 때처럼 감성이 아닌 이성으로 느끼고 쓰자. 보고서를 쓸 때는 본인이 살 지역이라 생각

돈이 되는 부동산 임장 시크릿

하고 감성적으로 다가가면 안 된다. 물건과 사랑에 빠지지 말자. 투자할 지역이라고만 생각하고 이성적으로 분석하는 게 좋다. 이성적 기준에 의해 가설을 내려야 추후 변경 사항에 대해 트래킹이 가능하고 자신이 세운 가설을 입증할 수 있다. 더 나아가 사람들이 원하는 욕망 아파트가 어디인지 찾아보자. 그곳에 투자의 '답'이 있다. 모든 이가 사고 싶어도 못 살 때 바로 그곳의 가치는 더 높아질 것이기 때문이다.

기록을 남길 때 처음부터 잘 적을 수 없다. 처음에는 다녀온 사진과 함께 현장에서 얻은 정보들을 나열만 해도 좋다. 나중에는 부동산 소장님과 나눈 이야기들만 적어도 된다. 적어 온 매물 시세와 분위기만 적어도 된다. 결국 임장 보고서는 내 투자를 위해 정보를 기록하고 생각을 남겨 놓는 작업이다. 내가 아무리 보고서를 잘 써도 투자금이 틀리거나, 투자 성향이 틀린 사람에게는 다른 결과가 될 수 있다. 정해진 정답이 없다는 소리다. 자신이 없다면 스스로에게 물어보자. "이 보고서가 내 투자와 공부에 도움이 되는가?" 그러면 아마도 임장 보고서를 쓰는 목적이 자동으로 떠오를 것이다.

첫째, 투자금은 부족하지만, 공부를 위해 찾아간 지역에서는 매물현황보다는 입지의 이해에 집중하는 게 좋다. 혹은 일생에 한 번도 접하지 못할 하이엔드 단지를 방문한다면 그들의 생활 습관과 단지의 분위기만 담아도 충분하다.

둘째, 투자를 염두하고 있는 곳에 간다면, 매물과 투자금별 조사와 시세에 대해 구체적으로 접근하면 된다.

"확실히 1번 지역이 2번 지역보다 저평가 돼있으며 투자의 가치가 있다고 판단됨."

"현 지역이 가격 상 저평가된 것이 맞지만, 어느 단지까지 흐름이 왔는지 판별하기가 어렵다. 더 디테일하게 시세를 파악해 볼 계획 중"

"방문한 소도시 지역은 시세 흐름 상 상승의 한계가 있을 수 있으므로 상위 20% 지역만 투자로 염두하겠다"

"소형 평수는 매물이 없고, 대형 평수는 투자금이 4억 대라 투자하기 어렵지만, 국평에 비해 20% 저평가 되어 시세 상승 여력이 있을 것으로 판단됨. 추후 시세가 움직이는지 확인 필요"

"해당 지역은 저평가 단지 없이 키맞추기가 되어 있으며, 리딩 단지의 움직임을 트래킹 필요"

내 생각이 담긴 보고서는 추후에 그 시점 내 생각에 따른 결과와 변동 상황을 확인할 수 있고 실제로 가격에 영향을 미치는 요소들을 생각으로 잘 마무리할 수 있다.

» 하나의 항목이 모여 하나의 임장 기록을 만들어 낸다.

우리는 이미 손품을 하는 방법부터 발품을 하고 부동산을 들러 모든 임장을 해내었기 때문에 이 일련의 과정들이 모두 기록으로 남아 있다면 자연스럽게 입장 보고서가 분할되어 기록되어 있을 것이다. 하나로 뭉쳐진 완성된 멋진 임장 보고서에 집착 말자. 하나하나 세세히 나누어져 포스팅해도 된다. 그러면 이미 모두 보고서를 기록한 것이다. 임장 보고서를 탄탄하게 작성한다면 다음과 같은 항목으로 구성할 수 있다.

지역 분석	입지	시세	인사이트
인구, 개요, 기본 정보	일자리	리딩 단지 시세	단지 서열화
지역 정보와 특징	교통망	전세 시세 흐름	단지별 적정 가중치
도시 기본 계획	학군, 학원가, 학교	각 단지의 시세	저평가 단지 검색
공,미,매를 통한 흐름 분석	상권	평형별 시세 흐름	투자금별 우선 단지 선별
미분양과 청약 경쟁률을 통한 리스크 분석	주변 환경	거래량과 분위기	추후 흐름과 예상

항목을 하나씩 살펴보면, 이 책에서 전반적으로 다룬 정보를 바탕으로 지역선정을 하고 손품으로 입지 분석 후 발품으로 중개소 방문한 내용이 그대로 항목에 포함되는 것을 알 수 있다. 위 모든 항목을 하나의 파일 혹은 한 번의 포스팅으로 완성하려고 하는 것

은 욕심이다. 위 항목 중 한 꼭지(주제)만 기록하고 다음번에 다른 부분을 기록해도 된다. 보고서 전문가가 되지 말고 투자를 잘하는 투자가가 먼저 되자.

객관적인 정보의 보고서는 '복사＋붙여넣기' 같은 포스팅이 인터넷상에 널리고 널렸다. 임장 보고서를 쓰기 위한 임장은 지양하자. 가끔 임장 보고서 쓰는 재미에 현장 임장보다 보고서에 집중하는 주객이 전도된 상황이 연출되기도 한다. 한두 번은 재미있겠지만 절대 오래가지 못한다.

'아! 방문 단지 문주를 안 찍었네. 돌아가야 하나 말아야 하나!'

'사진을 많이 찍지 못했네… 포스팅 할 양이 안 나오겠는데 어쩌지?'

일어나지 않을 것 같지만 많은 사람들이 실수하는 부분이다. 현장에서 사진을 못 찍은 것이 후회로 남고 마치 일처럼 되어 버리면 결국 지친다. 의무감으로 하지 말고 자신의 임장에 대한 결과물로 생각하자. 임장 보고서를 잘 쓰게 되면 사람들의 칭찬에 보고서 제조 기계가 되어 버린다. 게다가 휘황찬란한 누군가의 임장 보고서가 부담이 될 때도 있을 것이다. 세상에 항상 나보다 잘하는 사람은 꼭 있다. 그냥 보고서 잘 쓰는 사람에게 양보하라. PPT 100장으로 작성하는 사람도 있기 때문이다. 지역 분석 전문가가 꿈이라면 그렇게 해도 되겠지만 가장 중요한 핵심은 투자는 돈을 벌기 위한 결과물을 도출하는 과정이다. 우리는 부동산 석박사 학위를 따는 것이 목표가 아니다. 다른 사람의 때깔 좋은 결과물에 기죽지 말자. 오히려 현장에서 얻은 정에 자신의 의견만 더해도 세상에가 가장 소중한 결과물로 인정 받을 것이다. 자신만의 보고서를 써 나가면 된다.

» 하나의 임장 지역이 전국이 되는 순간

임장을 한두 번 가본 사람들의 다음 고민은 이것이다.

"다음 임장 지역은 어디로 가면 좋을까요?"

부동산은 비교가 필수이기에 비교할 수 있는 지역을 찾아야 한다. 임장 다녀온 해당 지역을 벗어나 전국에서 비슷한 가치의 단지를 찾는 연습이 필요하다. 예를 들어 충북 청주시를 임장 갔다고 가정하자. 청주시의 대장 동네는 복대동이다. 그중 두산위브지웰 시티2차가 청주를 리딩하는 대장단지다. 이 단지와 비슷하게 시세가 움직이는 지역의 단지를 찾아보는 것이다. 가까운 곳이나 도시부터 떠올려 보자. 어디가 떠오르는가? 가까운 충남의 천안시일 것이다. 실제로 천안의 천안아산역 역세권에 위치한 요진와이시티 (아산시 배방읍)를 살펴보면 매우 비슷한 시세를 보이는 것을 알 수 있다(아산시는 입지상 천안시와 밀접하게 붙어서 생활권을 공유하는 98만의 하나의 도시이자 생활권으로 봐야 한다. 그래서 천안 대장보다 청주 대장 가격 이 낮다).

복대지웰2차 vs 천안 요진와이시티

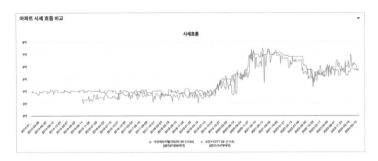

이번에는 거리가 더욱 떨어진 지역으로 확인해 보자. 인구가 100만이 넘는 특례시 중 하나인 경남 창원시와 비교를 해보자. 창원시 회원구에 위치한 메트로시티2차 가격이 신기하게도 유사하게 트래킹 된다. 실제로 연식도 같고, 주상복합이라는 단지 특징도 같다. 놀랍지 않은가?

복대지웰2차 vs 창원 메트로시티2

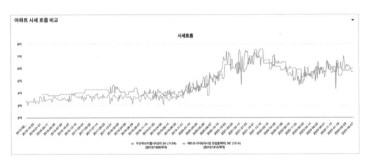

이렇게 청주라는 한 지역을 임장 다녀오더라도, 다른 지역과 가격을 반드시 비교해 보자. 만약 가격이 비슷하게 움직이는 단지를

돈이 되는 부동산 임장 시크릿

찾았다면, 그곳으로 임장을 꼭 가보기 바란다. 그러면 현장에서 체감되는 것이 많아질 질 것이다. 도시의 급 차이를 이해하고 살펴보면 비교의 관점으로 지역이 이해된다. 이렇게 임장 지역의 수를 하나둘씩 늘려가는 것이다. 나아가 전국을 다 돌게 될 때는 지역마다 유기적으로 보이기 시작한다.

임장 다녀온 후 다음으로 어디를 가야 할 지 모르는 경우 지역을 찾는 방법을 정리해 보자. 첫째, 임장 다녀온 가까운 도시부터 찾아가자. 둘째, 비슷한 인구수를 가진 도시를 찾아 방문하고 비교해 보자. 셋째, 지역 구분 없이 시세가 함께 움직이는 단지 세트를 찾아 해당 지역으로 떠나자. 이렇게 여러 곳으로 임장을 다니다 보면 어느 순간 입지와 가격에 익숙해질 것이다. 시세가 커플처럼 같이 움직이는 단지들이 당신의 머릿속에서 즉시 떠오르게 될 것이다. 앞서 배운 대로 부동산 지역성에 따라 가격이 상이하게 움직일 때가 있는데 그때 번뇌같이 떠오를 것이다!

"이상한데, 왜 이렇게 싸지?"

그렇다. 그게 바로 저평가의 순간이다. 이것으로 당신은 임장의 기술을 모두 알게 되었다.

경제적 자유는
멀리 있지 않다

많은 부동산 멘토가 '경제적 자유'를 외친다. 다만 나는 이들이 말하는 것과 조금 다른 기준을 가지고 있다. 경제적 자유는 아무런 일도 하지 않고 여행만 다녀도 돈이 꼬박꼬박 들어오는 편한 삶을 의미하지 않는다. 경제적 자유는 어디로 가는지 모르는 고급스러운 관광버스에 편하게 앉아 있는 게 아니라, 스스로 버스의 핸들을 잡는다는 뜻이다. '내 인생의 베스트 드라이버'가 되는 것이다. 인생의 목적과 방향에 대한 주도권이 나에게 있어야 진정한 자유라고 할 수 있다. 핸들이 내 손에 있으면 방향을 선택하고 그에 대한 책임을 스스로 진다. 누군가에겐 운전이 피곤한 노동일 수도 있지만, 누군가에겐 여행에 즐거움을 더하는 드라이브가 될 수 있다.

대부분은 버스에 올라탔으니, 어디로든 갈 것이라고 착각한다.

아무것도 통제하지 못하고 그저 차에 몸을 실은 상태라면, 자기 인생의 방향을 진지하게 생각해 봐야 한다. 노동하지 않고 편하게 노는 것이 자유가 아니라, 아이러니하게도 노동이 즐거워지는 순간 진정한 경제적 자유를 얻게 된다. 즐거운 일을 하는데, 돈이 알아서 벌리는 상황. 그것이 내가 생각하는 진정한 경제적 자유다. 평생 행복한 일을 하면서 돈도 버는 완벽한 인생이다. 일이 즐거운데, 돈까지 벌리니 안 할 이유가 없다.

대부분의 사람들은 여행을 좋아한다. 여행이 즐거운 이유는 새로운 환경의 설렘과 경험을 통해 성장하기 때문이다. 나에게 부동산 투자와 임장은 마치 여행 같다. 고통이 아니라 재미와 즐거움에 가깝다. 매번 새로운 지역을 방문할 것이라는 설렘과 현장에서 배우는 살아 있는 정보들이 늘 나를 성장시킨다. 이를 바탕으로 투자 실력과 안목을 향상시켜 결국 즐거운 일이 나에게 돈을 가져다주었다. 내가 정의한 경제적 자유를 이룬 셈이다.

이렇듯 경제적 자유는 멀리 있는 것이 아니라 지금 자신이 좋아하는 일을 하고 있느냐에 달렸다. 더불어 그것이 나에게 돈을 벌어주는 일인지 확인해야 한다. 돈을 벌어주지 않는다면 그 일은 내가 좋아하는 취미일 뿐이지 가치를 만들어내는 일이 아니다. 마지막으로는 평생 할 수 있는 영속적인 가치를 지닌 일인지 확인해야 한다. 우리는 모두 늙고, 신체적 노동의 한계가 반드시 찾아오기 때문이다.

각자 경제적 자유의 기준이 다르겠지만, 우리는 인생의 주도권과 자유를 반드시 쟁취해야 한다. 독자분들이 경제적 자유를 달성하는 데 있어 이 책이 하나의 무기가 되길 기원한다. 나를 둘러싼 모든 사람이 경제적 자유에 한 발짝 가까이 다가가길 바란다.

끝으로 늘 응원해 주시는 부모님과 가족들에게 사랑의 마음을 전합니다.

더불어 가족만큼이나 축하해주고 용기를 준 김용희 님과 항상 냉정한 시각으로 영감을 준 박성우 님께 이 책을 바칩니다.

부동산 임장
보고서

🏠 부동산 임장 현장 노트

☑ 매매 ☐ 전세 ☐ 투자   일시: 24년 ○○월 ○○일

지역	서울시 성북구	단지	래미안 0단지
연식	2007	세대수	789세대
동호수	623 / 1801	평형	23평형
향	남향	전세 만료일	-

매매가	9.5억	전세가	-	투자금	-
실거래가	9억	대장시세	12억		
과거 시세 가중치*	년간 평균 85%의 가중치. 현 79% 수준으로 소폭 저평가.				

* 가중치: 두 단지 가격의 차이를 특정 기간 %로 나타낸 평균값

현장 소장님	△△부동산 / 24. ○○. ○○. □□□소장님, 010-1234-1234 성격이 다소 급하시지만 꼼꼼하심

현재 시세 및 호가

· 최근 실거래가 신고가 갱신. 매매 호가도 빠르게 상승하여 현재
  최저가 기준 9.5억으로 매물 출회 중.
· 해당 매물 외에는 모두 10억 가깝게 호가가 시나브로 상승하고
  있음.
· 신축에서 구축 단지로 가격 변화가 진행 중이며, 매도자 우위 시
  장으로 진입하는 분위기가 강함.

거래량 및 분위기

· 서울 상급지가 빠르게 상승하면서, 지방에서도 투자자 유입이 현
  장에서 확인됨.
· 주말 3팀 방문이 예약된 매물. 빠른 결정을 유도하려는 현장의 분
  위기.
· 최근 가파른 호가 상승으로 거래 체결은 빠르게 되지 않지만, 실
  거래가 신고는 꾸준히 진행 중.

호재 및 기타 이슈

· 최근 내부 올수리 진행해 인테리어가 깔끔하다. 거실과 방 확장이
  완료된 상태로 추가 공사비가 들지 않는 장점.
· 빠른 잔금 시, 매도자 측에서 1천만 원의 가격 조율이 가능하다
  고 함.
· 현재 부동산 10곳 이상에서 광고하며, 매도자는 빠른 매도를 원
  하는 상태이므로 추가 가격 조율이 가능할 것으로 파악됨.

🏠 부동산 임장 현장 노트

☐ 매매 ☐ 전세 ☑ 투자   일시 : 24년 ○○ 월 ○○ 일

지역	서울시 강동구	단지	강동 ○○○○○
연식	2016	세대수	3,456세대
동호수	312 / 2901	평형	26평형
향	남동	전세 만료일	25. 05. 01.

매매가	12억	전세가	6.3억	투자금	5.7억
실거래가	12.5억	대장시세	19억		
과거 시세 가중치	5년간 평균 85%의 가중치. 현재 동일한 85% 수준				

현장 소장님	△△△부동산 / 24. ○○. ○○. ☐☐☐소장님, 010-1234-1234 한곳에서 오래 영업하셔서 시황에 매우 밝으신 편. 현장 매물 다량 보유, 친절하고 매물 잘 보내주심.

304   돈이 되는 부동산 임장 시크릿

현재 시세 및 호가

· 강동구 대장의 빠른 가격 변화로 인해 매도자들이 가격을 소폭 올리기 시작함.

· 현재 매물이 많이 없는 상태로, 저가의 매물은 대부분 전세를 낀 매물로 다소 가격이 저렴하게 나온 편.

· 실거래가가 갱신되면서 매도자들이 매매가를 올리길 바라는 분위기. 전세 매물 부족으로 연초보다 1억 상승한 상태.

거래량 및 분위기

· 지난달부터 빠르게 10건 이상의 거래가 진행되었고, 싼 매물부터 모두 거래가 체결 완료됨.

· 상급지의 전고점 돌파 소식에 흥분해 많은 매수 문의가 있었음. 지금은 흥분 양상이 다소 가라앉아 숨 고르는 상황.

· 온라인에도 매물이 소수지만. 실제 현장에는 더 매물이 없는 상태. 매도자 우위 분위기가 팽배함.

호재 및 기타 이슈

· 8호선 연장 개통이 진행됨과 상급지의 상승 분위기로 가격이 상승할 것이라는 현장의 기대감이 크다.

· 본 매도자는 매도 후 상급지로 갈아타기 위해 2개월 내 빠른 잔금을 원하고 있다.

🏠 부동산 임장 현장 노트

☐ 매매 ☐ 전세 ☐ 투자   일시 :   년   월   일

지역		단지	
연식		세대수	
동호수		평형	
향		전세 만료일	

매매가		전세가		투자금	
실거래가		대장시세			
과거 시세 가중치					

현장 소장님	

현재 시세 및 호가

거래량 및 분위기

호재 및 기타 이슈

🏠 부동산 임장 현장 노트

☐ 매매 ☐ 전세 ☐ 투자   일시 :   년   월   일

지역		단지	
연식		세대수	
동호수		평형	
향		전세 만료일	

매매가		전세가		투자금	
실거래가		대장시세			
과거 시세 가중치					

현장 소장님	

현재 시세 및 호가

거래량 및 분위기

호재 및 기타 이슈

⌂ 부동산 임장 현장 노트

☐ 매매 ☐ 전세 ☐ 투자   일시 :   년   월   일

지역		단지	
연식		세대수	
동호수		평형	
향		전세 만료일	

매매가		전세가		투자금	
실거래가		대장시세			
과거 시세 가중치					

현장 소장님	

현재 시세 및 호가

거래량 및 분위기

호재 및 기타 이슈

⌂ 투자 매물 비교 채점 노트

연번	단지명	연식	평형	실거래가
01.	○○자이	2016	23	89,000

매매가	전세가	투자금	입지/투자 별점
96,000	56,000	33,000	1 2 3 ☑4 5
			1 2 3 4 5
			1 2 3 4 5
			1 2 3 4 5
			1 2 3 4 5
			1 2 3 4 5
			1 2 3 4 5
			1 2 3 4 5
			1 2 3 4 5
			1 2 3 4 5
			1 2 3 4 5
			1 2 3 4 5
			1 2 3 4 5

투자 매물 비교 채점 노트

연번	단지명	연식	평형	실거래가

매매가	전세가	투자금	입지/투자 별점
			1 2 3 4 5
			1 2 3 4 5
			1 2 3 4 5
			1 2 3 4 5
			1 2 3 4 5
			1 2 3 4 5
			1 2 3 4 5
			1 2 3 4 5
			1 2 3 4 5
			1 2 3 4 5
			1 2 3 4 5
			1 2 3 4 5
			1 2 3 4 5

항목		5	4	3	2	1	점수	채점
아빠 입지 (40%)	교통	업무지구 지하철 이동 거리	3분 내 (300m 이내)	5분 내 (600m 이내)	10분 내 (1km 이내)	15분 내 (1.5km 이내)	20분 내 (2km 이내)	20	
		지하철 호선	2, 3, 7, 9, 신분당선 GTX, KTX	1, 4, 5, 6, 8 공항철도 (광화문, 여의도, 가산)	인천선, 분당선, 수인선 (그 외 출퇴근 노선)	경전철, 경춘선, 경의 중앙선 (단순 역세권)	비 역세권	10	
		자차 이동 소요시간	20분 이내	40분 이내	60분 이내	80분 이내	80분 이상	5	
		버스 소요 시간	20분 이내	40분 이내	60분 이내	80분 이내	80분 이상	5	
엄마 입지 (30%)	교육	학군	유명 학원가	대형 학원가	영어, 수학 학원 유무	근린 상권 내 소규모 학원	학원 없음	5	
		초등학교 거리	초품아	500m 이내	500m 이상	4차선 도로 이상 단절	차량 이동 필요	5	
	상권	백화점 대형마트	400m 이내	800m 이내	1.2km 이내	1.6km 이내	2km 이상	5	
		편의시설	중심 상권 인접	20분 이내 도달 가능	중형 근린 상가	소형 근린 상가	상권 부족	5	

항목		5	4	3	2	1	점수	채점
엄마 입지 (30%)	자연 및 주변 환경 — 자연환경	자연친화환경 도보권	자연환경 조망권	공원 및 하천 도보이동	단순 조망	전무	5	
	자연 및 주변 환경 — 유해시설 유무	전무	소규모 유흥 상권	유흥가 인접	공업 지대	기피시설 존재	5	
상품성 (25%)	브랜드	1군*		2군		3군	5	
	연식	5년 이내	10년 이내	15년 이내	20년 이내	20년 이상	5	
	세대수	2000 세대 이상	1000 세대 이상	700 세대 이상	500 세대 이상	500 세대 이하	5	
	주차대수	1.7대 이상	1.4대 이상	1.0대 이상	지상 주차장 0.5대 이상	지상 주차장 0.5대 이하	5	
	층/향	로얄층	중층	5층 이하	탑층	1~2층	5	
미래 가치 (5%)	개발호재	일자리 호재	지하철 호재	생활 인프라 호재	정비구역 호재	호재 없음	5	
(100%)	총점						100	

* (래미안, 힐스테이트, 더샵, 자이, 롯데캐슬, 푸르지오, e편한세상)

선별한 단지 중 디테일한 비교가 필요할 때
각 점수 항목 점수표를 활용하면 정량 평가가 수월해집니다.

내 집 마련을 위한 필수 확인 체크리스트(지방)

항목			5	4	3	2	1	점수	채점
아빠 입지 (30%)	교통	일자리	고소득 일자리 주변*	3km 이내	6km 이내	9km 이내	그 이상	10	
		지하철 이동 거리	3분 이내 (300m 이내)	5분 이내 (600m 이내)	10분 이내 (1km 이내)	15분 이내 (1.5km 이내)	20분 이내 (2km 이내)	10	
		자차 이동 소요시간	20분 이내	40분 이내	60분 이내	80분 이내	80분 이상	5	
		버스 소요 시간	20분 이내	40분 이내	60분 이내	80분 이내	80분 이상	5	
엄마 입지 (40%)	교육	학원가	유명 학원가	대형 학원가	영어, 수학 학원 유무	근린 상권 내 소규모 학원	학원 없음	10	
		학군	교육열 높은 곳	평균 학군 지역	영어, 수학 학원 유무	평균 미달	-	5	
		초등학교 거리	초품아	500m 이내	500m 이상	4차선 도로 이상 단절	차량 이동 필요	5	
	상권	백화점 대형마트	400m 이내	800m 이내	1.2km 이내	1.6km 이내	2km 이상	5	
		편의시설	중심 상권 인접	20분 이내 도달 가능	중형 근린 상가	소형 근린 상가	상권 부족	5	

항목			5	4	3	2	1	점수	채점
엄마 입지 (40%)	자연 및 주변 환경	자연환경	자연 친화 환경 도보권	자연환경 조망권	공원 및 하천 도보이동	단순 조망	전무	5	
		유해시설 유무	전무	소규모 유흥 상권	유흥가 인접	공업 지대	기피시설 존재	5	
상품성 (25%)	브랜드		1군**		2군		3군	5	
	연식		5년 이내	10년 이내	15년 이내	20년 이내	20년 이상	5	
	세대수		2000 세대 이상	1000 세대 이상	700 세대 이상	500 세대 이상	500 세대 이하	5	
	주차대수		1.7대 이상	1.4대 이상	1.0대 이상	지상 주차장 0.5대 이상	지상 주차장 0.5대 이하	5	
	층/향		로얄층	중층	5층 이하	탑층	1~2층	5	
미래 가치 (5%)	개발호재		생활 인프라 호재	일자리 호재	지하철 호재	정비구역 호재	호재 없음	5	
(100%)	총점							100	

* (공기업, 중공업, 기타)
** (래미안, 힐스테이트, 더샵, 자이, 롯데캐슬, 푸르지오, e편한세상)

> 선별한 단지 중 디테일한 비교가 필요할 때
> 각 점수 항목 점수표를 활용하면 정량 평가가 수월해집니다.

실거주 주택 구입 시 체크리스트

· 익스테리어&수리 여부

<table>
<tr><td colspan="2" align="center">외부 컨디션</td></tr>
<tr><td>단지 입구 및 출입구는 사용에 편리한가요?</td><td>☐</td></tr>
<tr><td>차단기 및 주차장은 사용에 충분한가요?</td><td>☐</td></tr>
<tr><td>주차장과 동은 연결되나요?</td><td>☐</td></tr>
<tr><td>단지 조경 및 놀이터 상태는 준수한가요?</td><td>☐</td></tr>
<tr><td colspan="2" align="center">입구, 복도</td></tr>
<tr><td>엘리베이터 관리는 양호한가요?</td><td>☐</td></tr>
<tr><td>공용 현관문은 보안이 우수한가요?</td><td>☐</td></tr>
<tr><td>유모차 및 대형 화물 이동이 가능한가요?</td><td>☐</td></tr>
<tr><td>복도식의 경우 방풍을 위한 새시가 있나요?</td><td>☐</td></tr>
<tr><td>세대 현관문 개폐에 문제가 없나요?</td><td>☐</td></tr>
<tr><td>신발장은 구성원에 적합한 크기인가요?</td><td>☐</td></tr>
<tr><td colspan="2" align="center">새시, 도배, 장판</td></tr>
<tr><td>새시 개폐에 문제가 없나요?</td><td>☐</td></tr>
<tr><td>새시의 소재는 방풍, 방음에 적합한가요?</td><td>☐</td></tr>
</table>

곰팡이, 결로, 누수를 확인했나요?	☐
외부창 방충망의 상태가 양호한가요?	☐
마루 바닥의 깨짐이나 들뜸은 없나요?	☐
부실 시공에 따른 도배, 장판의 훼손이 있나요?	☐

발코니

발코니 확장은 모두 다 되어 있나요?	☐
확장된 공간의 난방은 잘 작동하나요?	☐
확장 공간의 바닥 들뜸이나 다른 문제는 없나요?	☐
안방 발코니에 세탁 건조 공간이나 시설이 있나요?	☐

학교 및 인프라 존재 여부

초등학교, 중학교를 도보로 갈 수 있나요?	☐
주변 대중교통 시설이 가까운가요?	☐
가까운 근린 생활상권에 마트나 병원이 있나요?	☐
커뮤니티 시설이 잘 관리되고 있나요?	☐

⌂ 실거주 주택 구입 시 체크리스트

· 실내 인테리어 및 하자 여부

거실

거실 창으로 보이는 뷰와 채광은 우수한가요?	☐
집 내부가 노출되는 주변 고층 건물은 없나요?	☐
창문 개방 시 주변 매연 및 소음이 적정한가요?	☐
주간의 자연광만으로 충분히 밝은가요?	☐
야간 거실 조명의 광량은 충분한가요?	☐

방

침대와 옷장이 들어가도 충분한 공간인가요?	☐
가구 배치 시 안방 화장실 문을 개폐할 수 있나요?	☐
가구 뒤편 곰팡이나 보이지 않는 벽체 손상은 없나요?	☐
작은 방에 침대와 책상 배치가 가능한가요?	☐
시스템 에어컨 혹은 에어컨 설치에 문제는 없나요?	☐

주방

냉장고 자리나 배치에 따른 전원 연결에 문제는 없나요?	☐
식탁의 배치가 동선을 막지는 않나요?	☐

싱크대 및 수납장의 배치와 공간은 적절한가요?	☐
싱크대 볼의 크기와 수압은 충분한가요?	☐
환기를 위한 주방 창/후드는 충분한가요?	☐

다용도실

세탁기 크기에 맞는 위치에 수전 연결은 문제가 없나요?	☐
곰팡이, 결로, 벽체 크랙 및 하자는 없나요?	☐
환기를 위한 창이 존재하나요?	☐
보일러실 연통 연결 / 에어컨 실외기 루비창은 문제없나요?	☐

욕실

환기를 위한 창이 있고 팬은 잘 작동하나요?	☐
양변기가 잘 작동하고 노후에 따른 결함은 없나요?	☐
욕조가 있나요?	☐
벽면 타일 탈락 상태와 방수는 양호한가요?	☐
바닥 타일 줄눈 상태가 양호한가요?	☐
하수구에서 냄새가 올라오지는 않나요?	☐

돈이 되는
부동산 임장 시크릿

1판 1쇄 **인쇄** 2024년 9월 3일
1판 1쇄 **발행** 2024년 9월 20일

지은이 재테크르르(이준우)

발행인 양원석 **책임편집** 이수빈
디자인 신자용, 김미선 **영업마케팅** 양정길, 윤송, 김지현, 한혜원, 정다은, 박윤하

펴낸 곳 ㈜알에이치코리아
주소 서울시 금천구 가산디지털2로 53, 20층 (가산동, 한라시그마밸리)
편집문의 02-6443-8867 **도서문의** 02-6443-8800
홈페이지 http://rhk.co.kr
등록 2004년 1월 15일 제2-3726호

ISBN 978-89-255-7455-4 (03320)